A máquina de caminhar

CRISTOVÃO TEZZA

A máquina de caminhar

64 CRÔNICAS e UM DISCURSO CONTRA O AUTOR

SELEÇÃO E APRESENTAÇÃO
Christian Schwartz

ILUSTRAÇÕES
Benett

1ª edição

EDITORA RECORD
RIO DE JANEIRO • SÃO PAULO
2016

CIP-Brasil. Catalogação na fonte
Sindicato Nacional dos Editores de Livros, RJ

Tezza, Cristovão, 1952-
T339m   A máquina de caminhar / Cristovão Tezza ; seleção e apresentação Christian Schwartz; ilustrações Bennet. – 1. ed. – Rio de Janeiro : Record, 2016.

ISBN 978-85-01-10469-4

1. Crônica brasileira. I. Título.

15-22359   CDD 869.98
                                CDU 821.134.3(81)-8

Copyright © Cristovão Tezza, 2016

Texto revisado segundo o novo Acordo Ortográfico da Língua Portuguesa.

Todos os direitos reservados. Proibida a reprodução, armazenamento ou transmissão de partes deste livro, através de quaisquer meios, sem prévia autorização por escrito.

Direitos exclusivos desta edição reservados pela
EDITORA RECORD LTDA.
Rua Argentina, 171 – Rio de Janeiro, RJ – 20921-380 – Tel.: 2585-2000

Impresso no Brasil

ISBN 978-85-01-10469-4

Seja um leitor preferencial Record.
Cadastre-se e receba informações sobre
nossos lançamentos e nossas promoções.

Atendimento e venda direta ao leitor:
mdireto@record.com.br ou (21) 2585-2002.

EDITORA AFILIADA

SUMÁRIO

Apresentação – Christian Schwartz 9

CRÔNICAS

Visita a Carlos Dala Stella	15
Fernanda e Gabriela	19
A confraria secreta	21
O vagão holandês	23
O tempo, a culpa e o tédio	25
A preguiça	29
Leituras disparatadas	31
O mundo redondo	35
A imaginação	37
A violência na internet	39
O pensamento chapado	43
Terraplenagem política	45
Que Maomé nos proteja	47
Partidos, pessoas e poemas	49
O ornitorrinco	51
Solidão lunar	55
Um dia a menos	59
Dois dias em Macau	61
O turista acidental	63
Museus de cera	65
De Gutenberg ao *bit-torrent*	67
Seguidores, perseguidores e fugitivos	69
Na praia	71
O lagarto e eu	73
Não quero voltar	75
Lagarto, gato, lagartinho — e livros	77

O que está acontecendo com a literatura brasileira	81
Civilização e cortesia	83
A cor do ônibus	85
De volta à praia	87
Nós e os turcos	89
Títulos	91
Palavras perfeitas	93
O quadragésimo ministério	97
A vingança dos revizores	99
A ciência do futuro	101
Notícias de 2113	103
O homem que não queria sonhar	105
Loucura e método	109
A química dos sentimentos	111
Juventude e fascismo	113
Biografias monitoradas	115
Prisões suecas	117
O sofrimento dos sessentões	119
A reunião do ano	123
O assassinato da poesia	125
Conversa de avião	127
Overdose	129
Carnaval e futebol	131
Jogador ou escritor?	133
Esteira Sherazade	135
Dante	139
Millôr	141
Começos e fins	143
Gabriel García Márquez	145
Encontros imaginários	147
O mundo replicado	149

Os chatos e os clássicos	151
Futebol, xadrez e literatura	153
Sombras do século XX	155
O Estado e o cidadão	157
O brasileiro	159
Mundo rural, mundo urbano, e o Brasil no meio	161
O cronista se despede	163
Um discurso contra o autor	167

Apresentação

Depois de mais de seis anos e meio em que apenas meia dúzia de vezes sua coluna semanal deixou de ser publicada, Cristovão Tezza despediu-se da página 3 do jornal paranaense *Gazeta do Povo* e de uma legião de leitores fiéis que, nas redes sociais, pareciam inconsoláveis. Em compensação, oferece uma segunda amostra de sua consistente produção nesse gênero em que o consagrado ficcionista era um iniciante em abril de 2008, quando publicou o primeiro texto. Conforme já havia sido possível constatar em *Um operário em férias*, coletânea de 2013 que tive o prazer de organizar e apresentar, nesta nova reunião dos textos Tezza se mostra igualmente um cronista original e de estilo sofisticado.

A exemplo da inspiração para o título daquela primeira coletânea (na pele de "operário" da escrita, o romancista se dispunha a compartilhar sua visão de mundo privilegiada na página "descartável" do jornal, como quem, "em férias", apenas se divertisse — longe disso, escrever nunca é ofício trivial, garante o próprio Tezza), também aqui o título da seleção revela muito da capacidade do autor para, por assim dizer, "passear" pelos cerca de 2.800 caracteres que lhe eram destinados a cada semana. Intelectual caseiro, porém, Tezza evita os espaços ao ar livre onde se celebram as virtudes da tal de vida saudável: prefere o território habitual onde se exercita na arte de pensar e escrever — e foi assim que, fadada à "função de cabide, de confessionário e de remédio para a memória", uma esteira passou a enfeitar os domínios do escritor. Eis "a máquina de caminhar" original: para Tezza, sua

"Esteira Sherazade", título da crônica que abre a sequência final deste volume. Emerge, ali, a imagem-síntese do cronista virando as páginas de algum livro enquanto se deixa conduzir por Sherazade (literal ou metaforicamente) "em passadas regulares como um Dr. Livingstone das nuvens", numa evocação em movimento do que talvez seja a principal qualidade destas crônicas: criar pontos de contato entre o mundo mental da literatura e o mundo "de verdade" da política, da cultura, do futebol.

É curioso que o texto em questão seja datado justamente do período em que o cronista, segundo suas próprias palavras, sofria de "uma crise aguda de falta de imaginação" — e quem sabe a modéstia de Tezza possa compensar minha ousadia ao incluir na seleção essa crônica em que eu mesmo apareço como figurante, alvo a um só tempo da generosidade e do bom humor do cronista, o leitor verá. Mas "Esteira Sherazade" contém como que a chave simbólica para *A máquina de caminhar* na qual você, leitor, está prestes a embarcar. A seleção contempla, em porções mais ou menos iguais, textos dos anos 2012, 2013 e 2014 — além de uma dezena de mais antigos, escolhidos a dedo já para a coletânea anterior, mas que na ocasião precisaram ficar de fora e aqui funcionam como balizas temáticas, estrategicamente posicionados numa sequência, de resto, basicamente cronológica.

Como especialíssimo bônus, este livro traz ainda um certeiro ensaio sobre a crônica — em que Tezza parte do que chama de "uma improvisada 'fenomenologia' do gênero" para uma análise calcada em dois saborosos exemplos da pena de nosso maior prosador, Machado de Assis. Com pegada ao mesmo tempo precisa e fluente, numa espécie de "ensaísmo pessoal" que já conhecíamos de seu autobiográfico *O espírito da prosa*, o cronista acerta contas com um gênero estranho ao ficcionista — "crônica é jornalismo desgarrado" — do qual, confessa, foi um inquilino rebelde por tanto tempo, à mercê do "fantasma renitente do leitor [de jornal]", este senhorio de "careta sorridente ou escarmenta".

"Nenhum texto escrito é inocente e já nasce em casa — na verdade, todo escritor é um intrujão em casa alheia e desconhecida, um receptador de entreouvidos. E a crônica talvez seja o gênero em que este aspecto da linguagem seja mais visível e ao qual seja mais sensível", reflete o ensaísta em seu "discurso contra o autor" para, por fim, decretar: "A crônica é em essência uma maldita conversa pública em voz alta." Da qual nós, leitores fiéis, tivemos o privilégio de participar nesses anos tão produtivos de Tezza como cronista.

Christian Schwartz

CRÔNICAS

Visita a Carlos Dala Stella

Curitibano jamais visita alguém sem avisar antes, uma regra que vale tanto para os vizinhos de prédio quanto para os amigos longínquos. O resultado é que vamos nos encapsulando num conforto sem riscos, de emoções cuidadosamente controladas. Pois na semana passada saí de casa seguindo a aventura geográfica que percorro duas vezes por semana e que me tira do miolo da cidade para os confins de São João, nos limites de Curitiba. Ao espiar o mapa do GPS, que resolveu minha tradicional incapacidade de orientação topográfica, percebi que duas quadras adiante não existia mais nada — o mundo acabava súbito em 120 metros, conforme informava a telinha falante. Temeroso daquele vazio, fiz a volta e digitei "Toaldo Túlio", bairro de Santa Felicidade, segunda parte da viagem, para onde avancei por atalhos até reencontrar, depois de quase um ano, três e-mails e um aviso por telefone, meu amigo Carlos Dala Stella, que conheci bem antes de ele se tornar o artista plástico que é hoje. Começamos juntos um mestrado de letras, nos anos 1980, e dali ele enveredou para a pintura, mas sem jamais perder o contato com a literatura, o que é visível em seu trabalho.

Em poucos minutos, atravessando um portão, passei da agitação dos carros para um corredor inesperado e tranquilo de araucárias, uma pequena chácara encravada e protegida no bairro, com um cachorro, pássaros, verde em toda parte, o céu cortado de copas de árvores, um breve frio de outono. No meio de tudo, Dala Stella ergueu seu ateliê, um espaço a um tempo discreto e amplo, com dois andares abertos e vazados de luz por altas faixas de vidro. Enquanto ele fotografava alguns desenhos e bicos de pena seus que estavam comigo, e que farão parte de um novo projeto que está criando, perambulei pelo ateliê admirando os quadros expostos e relembrando sua arte. Um ateliê de pintura é sempre um espaço que me agrada muito, uma síntese física de um modo pessoal de ver o mundo, pela via da imagem, do traço, da combinação de formas e cores, como alguém que vive dentro de sua própria obra. Posso sentir essa ligação também na literatura, mas o texto nunca se deixa ver completamente (daí por que um escritório de escritor em geral diz pouco), enquanto a pintura, na sua apreensão instantânea, escancara-se ao olhar. O ateliê do Carlos é ele inteiro, em cada detalhe. Surpreende no seu trabalho — que eu revia com prazer, para onde quer que olhasse — o domínio de muitas técnicas, dos retratos a lápis e bico de pena (ele é um desenhista refinado), passando pelos recortes em cartão com seus efeitos de luz e sombra, aos impactantes murais em tela, concreto ou vidro. Sobre a mesa maior, folheei uma coleção de cadernos, ou diários, em que poesia e desenho se alternam página a página.

Na despedida, ainda ganhei de presente uns dois quilos de pinhão colhidos na hora. Uma visita maravilhosa.

[03/05/2011]

Fernanda e Gabriela

Costumo me definir, quanto à orientação espacial, como um "cretino topográfico" — alguém que, à solta numa cidade, terá grande dificuldade de se achar. Um endereço qualquer num papel, ilustrado por um mapa de referências, tem para mim sempre aquele ar de papiro inescrutável em busca de um Champollion que o decifre. Quando enfim guardo um lugar — por exemplo, a minha casa — parece que é o corpo que apreende o caminho, e não a inteligência. De modo que, nas muitas vezes em que me mudei, acabava por um bom tempo voltando à casa antiga por um hábito que o cérebro custava a apagar de seus registros. É tão grave o problema que, se um dia me sequestrarem, o que espero jamais aconteça (toc toc toc!), não será necessário colocar capuz na minha cabeça; por mais que eu observe o caminho de ida e grave algumas referências objetivas (casa azul de três andares; árvore sem folhas; mendigo sobre um banco; mulher subindo uma escada olhando para trás; homem abrindo porta-malas), não saberia achar o caminho de volta.

Cansado de me perder, comprei um GPS — e, como se adivinhassem meu sofrimento, ganhei um outro logo em seguida. Hoje, orgulhosamente, sou um homem duplamente monitorado pelos satélites. Não uso o GPS para caminhar, porque no meu território existencial, que começa no Alto da XV e vai até as imediações do Batel, e, num outro sentido, sai do Parque São Lourenço e avança até a fronteira do Boqueirão, o meu conhecimento é suficiente e já está mais ou menos gravado como um chip. Mas o mundo é grande, e mesmo dentro da minha área de atuação há selvas indevassadas. Súbito tenho de chegar a uma rua, e aí ligo um dos meus poderosos GPSs. Um deles é comandado pela Gabriela; o outro, pela Fernanda. A Gabriela fala muito, compulsivamente, e é cheia de detalhes úteis. Mas há um tom robótico na sua voz, pausas que parecem fruto de pilha gasta. "A 300 metros, vire à direita. A 200 metros, vire à direita. A 100 metros, vire à direita. Vire à direita." É difícil viver com alguém tão detalhista. Já a Fernanda é bem mais lacônica, mais despachada e tem uma voz natural ainda que distante, como alguém dando informações educadas atrás de um balcão. "Adiante, vire à esquerda." Ou: "A 800 metros, vire à esquerda", e segue-se um longo período de silêncio, quase de indiferença. Eu acabo prestando mais atenção no desenho do mapa, com aquela seta vermelha. Agora, uma coisa tenho de reconhecer: ambas têm uma paciência sobre-humana. Por mais que eu erre o caminho — já fiz o teste, dando três voltas na mesma quadra — elas jamais chutam o balde; a voz sequer muda o tom ao me reorientar. Mas a Fernanda é muito mais sábia: apenas repete a ordem "vire à direita", como se não tivesse acontecido nada. Já a Gabriela repete freneticamente o que já sei: "Novo cálculo da rota." O que é uma coisa meio pedante, como se eu fosse não um motorista barbeiro mas um capitão de navio.

[24/04/2012]

A confraria secreta

Por alguma razão que me escapa, Curitiba é uma cidade propícia a sociedades secretas. Bastaria citar o Instituto Neo-Pitagórico e a Ordem Rosacruz com seu incrível Museu Egípcio, mas há também a clássica Maçonaria (descobri perto de casa uma pequena praça triangular que homenageia os maçons) e uma Sociedade dos Templários — e recebi convite até de uma certa Ordem dos Gregários. Infelizmente, apesar do meu jeito extrovertido, inclinado a uma boa conversa, pelas vicissitudes da vida acabei me tornando um antissocial clandestino, aquele que disfarça bem o prazer de ficar sozinho, e nunca tive a felicidade de frequentar esses clubes iniciáticos.

Mas o espírito da cidade é tão envolvente que sem perceber acabei sócio fundador de uma confraria secreta — que, por isso mesmo, não pode ter seu nome divulgado. Somos apenas três, mas, embora exígua, a confraria é forte e já foi testada pelo tempo — são 25 anos de atividade, mantendo a mesma estrutura hierárquica e o mesmo regimento. Acho que não estarei ferindo o obrigatório sigilo ao informar que sou o Secretário-Geral, encarregado da pauta das reuniões. A confraria conta com um Grão-Mestre, responsável pela logística de transporte e orientação dos trabalhos, e que vem se mostrando um zeloso mantenedor da hierarquia que lhe garante o topo da pirâmide; e com um Confrade Júnior, que eventualmente carrega o piano transcrevendo as atas. Quanto a mim, estou satisfeito com meu cargo de Secretário.

A confraria é ecumênica: há um atleticano (infelizmente, não posso revelar quem é quem), um coxa-branca e um paranista.* No mundo da política e da economia, para não dizer que um é de direita, outro de esquerda e outro de centro, informo que um dos confrades é liberal em matéria econômica, outro gosta de um capitalismo de Estado e um terceiro defende uma terceira via, mas ninguém abre mão da democracia como sistema de governo. Na esfera religiosa, ateus e cristãos convivem em harmonia. Em época de eleições, sempre há rachas na confraria. Preveem-se debates acalorados sobre quem deve ser o próximo prefeito. Acalorados, mas em voz baixa: todas as reuniões são sussurradas em restaurantes da cidade, o que, curiosamente, está fazendo da confraria um dos mais abalizados termômetros da gastronomia curitibana dos últimos anos. Estamos preparando um documento secreto a respeito, mas por enquanto já posso adiantar que a grande maioria dos nossos restaurantes prevê pratos apenas para duas pessoas, nunca para três — o que nos exige gambiarras no cardápio de modo a manter a quantidade equilibrada sem assaltar o bolso. E as contas são sempre curitibanamente divididas até os centavos.

Amanhã temos assembleia; nervoso, já preparei uma defesa prévia à muito provável acusação de eu cobrir minha falta de assunto com a exposição sensacionalista da nossa discreta instituição.

[15/05/2012]

---

* Como são chamados, respectivamente, os torcedores do Coritiba e do Paraná Clube, rivais em Curitiba do Atlético Paranaense, do qual Tezza é torcedor fanático.

O vagão holandês

O Grão-Mestre da confraria secreta da qual sou o Secretário-Geral me manda um relatório da Europa, onde ele está em viagem de reconhecimento. Da Holanda, as informações são realmente entusiasmadas. Entre muitas outras qualidades daquele país, sou informado também de que lá os trens — que já são maravilhosos e pontuais — contam com "vagões de silêncio", espaços reservados onde não é permitido usar o celular, falar, ouvir música ou fazer barulho. Ou seja, são vagões reservados ao silêncio — ouve-se apenas o discreto "clact-clact" dos trilhos tranquilos do trem, especiais para facilitar o repouso quando nos movemos de um ponto a outro da Terra. O que, na minúscula Holanda, não leva muito tempo — assim, é preciso aproveitá-lo ao máximo. O espaço é o paraíso da solidão, da leitura, do descanso sem objetivo, e até mesmo do trabalho solitário no computador (desde que não se clique em nenhum vídeo do YouTube). Um lugar para pensar na vida, sem que a vida nos atrapalhe, esse paradoxo.

Se no Brasil houvesse trens de passageiros, eu apoiaria uma campanha em defesa dos "vagões de silêncio". Já que eles não existem mais, só nos resta reclamar do barulho universal, na rua, nos ônibus, nas praças, nos restaurantes, nos elevadores. Como o Brasil foi um país urbanizado e civilizado pela televisão, que chegou em todos os rincões do país décadas antes da palavra escrita, a fala é a expressão brasileira por excelência — e quanto mais alta e animada, melhor. (Bem, não é uma exclusividade nossa. Para não dizerem que acordei antipatriota, lembro que já vi rodas de espanhóis e de italianos que seriam páreo duro em qualquer concurso de "ocupar espaço sonoro".) Mas não é só a fala: a urbanização brasileira grita também visualmente, não dando o mínimo descanso aos olhos. Exceto em casos excepcionais (como a cidade de São Paulo, proibindo *outdoors*, o que fez uma incrível diferença no horizonte das pessoas, que enfim conseguem ver a própria cidade), as ruas brasileiras são depredadas tanto pela pichação selvagem quanto pelo caos igualmente selvagem das placas comerciais e publicitárias que fazem do espaço público um horror de mau gosto e de agressão estética, muitas vezes destruindo ou ocultando fachadas bonitas e históricas — o que percebemos imediatamente ao passear em qualquer espaço com arquitetura preservada. E a recente mania de pregar uma televisão em cada parede de restaurante juntou a poluição visual com a sonora, o desagradável com o importuno.

A cultura da oralidade odeia o silêncio. Já entrei em elevador em que até a música canalizada para os fones de ouvido do cidadão feliz era tão alta que todos os ocupantes tinham de partilhá-la — aflitos, olhos nas luzinhas, torcendo para a viagem acabar logo. Na próxima reunião da confraria, no final de julho, vou propor um voto de louvor aos vagões holandeses.

[03/07/2012]

O tempo, a culpa e o tédio

Neste exato momento estou no hotel fazendo hora para voltar a Curitiba. Nada melhor do que pensar na vida e na própria espera: que fazer? É preciso mesmo "fazer" alguma coisa? Por quê? Vamos pensar fenomenologicamente: o que tenho diante de mim? Aproximadamente três horas: isso é tudo. Como alguém pode "ter" três horas diante de si? Não sei. É o relógio que me diz isso. A sensação é a de que não tenho nada, nem tempo. Parece que já comprovaram que o tempo é relativo, portanto essas três míseras horas, que não passam, podem representar oito horas psicológicas. Mas, escrevendo uma crônica, elas quem sabe se reduzam drasticamente a 15 minutos. Vamos lá, matar o tempo a ceifadas. É isso?

O horror da espera seria então uma expectativa de, digamos, tédio? É uma questão sutil, com dois caminhos. Odiamos esperar porque a espera nos entedia e nos faz sofrer por si mesma — a espera é sempre uma dor? Ou a repulsa que sentimos por esperar está vinculada à culpa? Explico melhor: a paralisia da espera nos impede de fazer alguma coisa, e isso, insidiosamente, nos inocula a sensação de perda, não propriamente de tempo, que é uma nuvem, mas de dinheiro mesmo, de coisas, de objetos, de conquistas concretas que esta passagem de coisa nenhuma nos impede de realizar. Benjamin Franklin, um dos fundadores dos Estados Unidos, cultuava a expressão "tempo é dinheiro", e ele devia saber do que estava falando. Enquanto eles levavam esta sovinice metafísica a sério, o Brasil, na mesma época, não tinha pressa, no berço esplêndido de sempre. Nós, que éramos ricos, ficamos pobres; eles, que eram pobres, ficaram ricos. E Macunaíma se espreguiça na rede.

Em cima da relação cruel entre tempo e dinheiro, Max Weber elaborou parte de sua explicação para a riqueza moderna, em *A ética protestante e o espírito do capitalismo*, o que coloca outro tempero no horror da espera: o peso do puritanismo dando valor ao aproveitamento do tempo. Jogar tempo fora não é só uma preguiça individual, uma leveza de alma, um jeito de descansar, uma malemolência tropical, uma busca avulsa de felicidade, mas um autêntico crime de lesa-divindade. Nessa visão, o tempo é sagrado; não é uma mercadoria que eu possa levar no bolso e usar com liberdade. "O tempo urge" parece uma expressão bíblica, uma exigência do cosmos, uma batalha celeste de que sou apenas um soldado — perdê-lo gera culpa e remorso; no fundo, o que se perdeu não foi o tempo, mas o trabalho e a riqueza que ele representa. Faço parte de um empreendimento universal alucinante, como um escravo do Egito carregando interminavelmente pedras no deserto. Para que mesmo?

Entre a culpa e o tédio, não me decido. Talvez os monges do Oriente, na clássica posição de lótus, fazendo nada pela eternidade, tenham algo a me dizer. Olho para o relógio: já matei 23 minutos nessa conversa perdida.

[18/10/2011]

A preguiça

Ando com muita preguiça. Aquela vontade de fazer nada. Olhar as coisas e considerá-las sem ênfase, como queria Drummond. A preguiça regenera a alma e o corpo. A iluminação súbita de que nada vale a pena, nada vale o nosso esforço, pelo menos agora. Por que não daqui a pouco? Daqui a pouco estarei pronto para agir — mas agora quero ficar quieto. E sem prazo, por favor, que cria ansiedade.

O brasileiro tem fama de preguiçoso. O grito marcante de Macunaíma, o herói sem nenhum caráter criado por Mário de Andrade, é justamente "ai, que preguiça!". Dizem que o trabalhador brasileiro é menos produtivo que os outros, mas me parece que isso é apenas um álibi de outras incompetências, às vezes úteis: a demora em obras oficiais, por exemplo, que é o padrão também oficial brasileiro, rende riquezas rápidas, fulminantes e insuspeitadas, nos ágeis e eficientes "regimes de urgência" que dispensam controle e papeladas. Por que fazer certo se o errado é mais lucrativo?

Em defesa da minha preguiça, invoco a história do Brasil, um país que foi determinado, em praticamente tudo, da cultura à economia, pela instituição da escravidão. Fomos o último país a nos livrar oficialmente dela no mundo. Do século XVI ao século XIX, a escravidão permeou todas as instâncias da vida brasileira, a rural, dominante, e a urbana, subsidiária. A ideia de "trabalho", o seu simples conceito, sempre foi ofensiva para a cultura brasileira — as magníficas memórias de Brás Cubas, na obra-prima de Machado de Assis, relatam a vida inteira de um homem sábio e letrado que se dedicou com afinco e determinação a jamais fazer coisa alguma. Na biografia do Barão de Mauá — um louco que tentou modernizar o Brasil imperial —, Jorge Caldeira relata que a desgraça do barão começou quando, num gesto simbólico, pediu ao imperador Pedro II que puxasse um carrinho de mão e desse a partida às obras da primeira estrada de ferro do Brasil. Um imperador fazendo trabalho de negro! O barão foi à falência, e, nas idas e vindas, até hoje não temos estradas de ferro, embora a tal Norte-Sul, que nunca fica pronta, dê muita renda.

Vendo do outro lado, o do escravo, que precisa negociar em cada minuto a sua sobrevivência, a preguiça é um valor ético. A imoralidade radical da escravidão determina a minha liberdade: cada momento que engano o criminoso que me prende representa uma conquista moral minha, uma percepção também assimilada pelo dono de escravo, para "naturalizar" a relação. Posto assim, o fim da escravidão deveria levar também ao fim da sua lógica perversa, porque a produção econômica ganha um novo patamar e a cultura universaliza o conceito de cidadão. Mas, no Brasil, ela contaminou de tal forma o cotidiano de três séculos de relações sociais, que parecemos ainda movidos a senhores e escravos.

Mas eu ia falar da preguiça — e já estou aqui, incompetente, quebrando a cabeça nesse frio da manhã.

[17/07/2012]

Leituras disparatadas

Sempre leio vários livros ao mesmo tempo, cada um deles ocupando um espaço mental e físico diferente na minha vida. Há os livros de viagem — esses só podem ter até 250 páginas, e são sempre dois, para a emergência de um caos aéreo. Da última vez, li *Cidade aberta*, do nigeriano-americano Teju Cole — um belo romance em torno das reflexões de um psiquiatra africano vivendo em Nova York. Na livraria do aeroporto, comprei *O sentido de um fim*, do inglês Julian Barnes. Não li ainda, mas, como tudo que conheço deste autor me agradou, fiz a aposta para a próxima viagem. Há duas semanas, devorei *Habitante irreal*, de Paulo Scott, que se pode definir classicamente como uma narrativa irresistível sobre a paixão improvável de um branco por uma índia. De outro brasileiro, Michel Laub, terminei numa sala de espera o igualmente irresistível *Diário da queda*, em torno das lembranças circulares de um velho diário de um sobrevivente de Auschwitz — o que me fez pensar que nossa prosa vive um ótimo renascimento.

E passo aos livros de cabeceira, os sem pressa, em geral com mais de trezentas páginas, que às vezes salvam minha insônia. Alguns deles vêm atravessando os anos, como a biografia de Dostoiévski, de Joseph Frank. Estou nos chamados "anos milagrosos", quando ele escreveu *Crime e castigo* e *Os demônios*. A questão é que comprei a nova tradução de *Os demônios*, a primeira direta do russo, e não quero prosseguir a biografia antes de ler de novo este livro que é considerado a mais densa reflexão sobre o nascimento do terror moderno, o momento em que, enfim, tudo passou a ser permitido. Interrompi a biografia para enfrentar as mil páginas de *A tragédia de um povo*, uma história da Revolução Russa, de Orlando Figes (autor do sensacional *Sussurros*, sobre o período soviético). Estou no início do século XX, quando a czarina contratou os poderes místicos (e outros mais secretos) do célebre Rasputin, o que fazia do Palácio do Inverno de São Petersburgo uma espécie de Casa da Dinda da dinastia dos Romanov. Deu no que deu, lá e aqui, mas acho que pelo menos desta vez levamos sorte, se a comparação absurda fizesse sentido.

E há os livros de escritório, para ler à tarde, na poltrona, olhando a janela de vez em quando. Desta vez um pesado volume com gravuras primorosas: *O declínio da Idade Média*, de Johan Huizinga, uma retomada histórica maravilhosa do fim da Idade Média, com ilustrações fantásticas do período. Voltamos setecentos anos na vida, e virando a página lemos uma descrição delicada daquele outro mundo: "Assim como o contraste entre o verão e o inverno era mais severo do que para nós, também o era o contraste entre a luz e a escuridão, o silêncio e o ruído. A cidade moderna praticamente desconhece a escuridão e o silêncio profundos, assim como o efeito de um lume solitário ou de uma voz distante." Não é bonito?

[07/08/2012]

O mundo redondo

O que tem a ver o chapéu de feltro na cabeça da figura pintada na Holanda em 1658 por Johannes Vermeer, no seu quadro *Oficial e moça sorridente*, e o desenho animado *Kung Fu Panda*, dos estúdios DreamWorks, de 2008? Absolutamente nada, exceto que o feltro do quadro de Vermeer é um signo oculto de uma globalização comercial e cultural que, começando a crescer na então moderníssima república holandesa do século XVII, burguesa e tolerante, acabaria por redundar séculos depois na animação que, inteiramente feita nos Estados Unidos sobre um herói chinês — um panda! —, foi um sucesso estrondoso até na própria China comunista, rendendo milhões de dólares em torno do mundo. Fazer um produto qualquer capaz de ser apreciado além-fronteiras e propiciar a sua livre circulação parecer ter sido uma vocação irresistível da história humana, lado a lado com um instinto criminoso que vai custar muito ainda a considerar a própria condição humana, também ela, um produto globalizado com direitos iguais em toda parte.

O feltro do chapéu do personagem de Vermeer (um feltro que era índice de padrão de vida acima da pobretada) vinha de longe. Com a devastação dos castores na Europa, com o pelo dos quais se fazia o melhor feltro, os europeus foram buscá-los no Canadá, sempre atrás de um caminho fácil para a China (como ainda hoje, aliás). E, enquanto isso, trocavam-se com os indígenas locais impressionantes arcabuzes, que funcionavam com a magia da pólvora, por peles de castor que vinham em pilhas e a preço de banana. Há mais nos quadros de Vermeer: copos refinados de Murano, porcelanas chinesas, tapetes turcos, e, na tela que abre esta crônica, uma incrível moça feliz e sorridente, bela e comum, conversando sozinha com um homem, sem nenhuma culpa no rosto, como num bar do século XXI — a globalização comercial holandesa incluía uma boa dose de feminismo *avant la lettre*.

Já o Kung Fu americano é o triunfo da cultura "*mainstream*", a expressão inglesa que significa, grosso modo, "dominante" — produtos pensados, na origem, para públicos de massa, num primeiro momento, e para públicos mundiais, no plano seguinte. Vivemos hoje um cruzamento brutal e extraordinário (dependendo do ponto de vista) de culturas, e que só um olhar simplificado e anacrônico pode concentrar apenas no poder americano. Produzir algo que interesse ao país vizinho é arte difícil, como sabem a Rede Globo, a Al Jazeera, a Bollywood indiana ou os estúdios da Coreia do Sul; e, até hoje, só os latinos multiculturais de Los Angeles conseguem abrir fronteiras entre os latinos reais, que se odeiam.

Mas é melhor ir à fonte, antes que me acusem de plágio. Quase tudo que digo aqui vem de duas leituras fascinantes: *O chapéu de Vermeer*, de Timothy Brook (Record), e *Mainstream — a guerra global das mídias e das culturas*, de Frédéric Martel (Civilização Brasileira).

[28/08/2012]

A imaginação

O escritor William Faulkner dizia que são necessárias três coisas para escrever — imaginação, experiência e observação —, mas que muitas vezes apenas uma delas pode suprir a falta das demais. É uma tríade interessante para pensar como a vida se recria na escrita; de certa forma, literaturas inteiras se articulam no equilíbrio (ou desequilíbrio) dessas três qualidades. Nós mesmos podemos nos classificar assim: os de grande imaginação que não enxergam um poste na frente, os de sólida experiência e nenhuma imaginação, e assim por diante. Numa irresponsável conversa de bar eu diria, por exemplo, que a literatura de língua inglesa fundou-se na observação e na experiência, o que é mais ou menos o método científico de ver o mundo. Não por acaso, a escola realista nasceu lado a lado com o sentimento científico moderno. Mais duas cervejas e eu sou capaz até de dizer que o realismo é também filho do puritanismo: não se deve mentir. Esse pressuposto de "verdade", herdeiro da religião, acabaria sendo um inimigo da imaginação, mas isso já é fantasia demais.

Bem, a imaginação é um dom muito amplo. Uma escritora como Agatha Christie escreveu centenas de livros iguais, filhos de um espírito recorrente de observação que dispensava a experiência, mas tinha uma imaginação prodigiosa para criar infinitas tramas. Em outra direção, Jorge Luis Borges é quase unicamente imaginação: a ideia de um personagem como Funes, que, incapaz de esquecer, conservava na memória cada segundo de sua vida inteira e portanto tinha de viver na escuridão para não acrescentar mais nada a ela, é uma obra-prima de pura imaginação e, ao mesmo tempo, de um secreto realismo.

Nesse sentido, bons escritores imaginativos são raros, porque a imaginação realmente interessante não é o delírio sem raiz, um sonho à solta, mas uma projeção que mantém com a realidade uma ligação sutil. As literaturas hispânicas são particularmente imaginativas, de Cervantes a García Márquez, como que para escapar de uma realidade dura, feita apenas de Sanchos Panças. O tema me veio ao ler um livro maravilhoso, inteiro fundado na imaginação: *As pontes de Königsberg*, do mexicano David Toscana (Casa da Palavra). Três amigos bêbados — Floro, Blasco e o Polaco — vão revivendo, num vaivém do tempo, desde o cerco do castelo de Königsberg em 1410 (cidade onde três séculos depois viveria o filósofo Kant), passando pelos bombardeios da Segunda Grande Guerra, até a criação de Kaliningrado, sob domínio soviético. Tudo nas "trincheiras" das obras de esgoto, no coreto da praça e na mesa dos bares da cidade de Monterrey, no México. É um teatro louco feito de meninas desaparecidas, uma professora severa, um carteiro confuso, bombardeios terríveis e paixões mortais, num achado narrativo feito de lirismo, beleza, humor, violência e melancolia. Há muito tempo eu não lia um livro tão fascinante.

[25/09/2012]

A violência na internet

A piada é velha: a internet veio para resolver problemas que antes não existiam — mas, de fato, fico me perguntando como consegui sobreviver mais de quarenta anos sem computador nem internet. Resisto entretanto ao saudosismo bucólico, dos velhos tempos em que, para pagar uma conta ou trocar um cheque, pegava-se uma pesada ficha de bronze e aguardava-se o chamado em altos brados. O caixa colocava uma ficha gigante numa máquina contábil especial, onde marcava créditos e débitos. Hoje somos nós que viramos todos funcionários dos bancos, trabalhando de graça aos sábados, domingos e feriados, fazendo pagamentos, transferências, aplicações,

DOCs e o que for preciso — e o incrível é que achamos isso maravilhoso.

E é mesmo. A toda mudança de patamar de civilização corresponde uma mudança tecnológica, do arado ao computador, que muda, às vezes dramaticamente, o sistema de produção e os parâmetros de relação social. Discutir esses efeitos está longe da pretensão do cronista, que aliás tenta se defender da internet como pode. Fascinado por ela, já perdeu dias e semanas com a banda larga na veia, fazendo nada — até perceber que ou reorganizava o tempo ou viraria um zumbi do monitor. Algumas medidas básicas funcionaram: não leio e-mails que não sejam pessoais e resisto a "surfar". Quando ligo o computador, sei o que procuro: percorrer jornais ou fazer consultas (e, nessa área de referência, a revolução da internet é absolutamente fantástica).

Mas dia desses escapei distraído para uma ponte com "comentários de leitor", que passaram a me atrair, primeiro como curiosidade linguística, depois como sociologia, e atualmente como, digamos, aspectos patológicos do comportamento cotidiano. Fiquei impressionado com a violência dos comentários, o grau de agressividade, o primarismo argumentativo, o desejo de ferir — enfim, a estupidez pura e simples em que tanto o bom como o mau domínio da escrita se mesclam com o desejo de sangue a qualquer custo. Qualquer tema é gancho para o jogo baixo, o preconceito escarrado, o ressentimento, o rancor miúdo, sempre ocultos no pseudônimo: dos candidatos ao governo às notícias policiais, das páginas de cultura ao preço dos carros, do futebol ao cinema, tudo é argumento para o tacape digital assassino, incapaz de uma ponderação civilizada. Como se o inconsciente selvagem de cada um, sem filtro, ganhasse vida num clique. Acompanhar comentários de leitores na internet é quase sempre uma viagem chocante, inútil, deprimente.

Talvez eu esteja mesmo ficando velho, saudoso de uma cordialidade brasileira que nunca existiu, exceto no papel. As estatísticas mostram que o Brasil é um dos países mais violentos do mundo, e no conforto da classe média tendemos a achar que isso é um problema distante. Mas, no escurinho da internet, vemos que o país real está muito próximo e mostra os dentes em toda parte.

[11/05/2010]

O pensamento chapado

Não, paciente leitor — o título não se refere ao pensamento sob efeito de drogas, como parece; o chapado vem de chapa mesmo, de dois únicos lados, um o oposto do outro, sem opção. Pois bem, vivemos num Brasil de pensamento chapado, o que não é exatamente uma novidade. O país, é claro, é incrivelmente multifacetado, mas anda em curso uma simplificação mental que precisa reduzi-lo a duas partes.

A minha geração sentiu na pele esse afunilamento moral, pelo advento da ditadura militar, num tempo em que não havia opção. Com os direitos individuais suspensos, as prisões arbitrárias, a ilegitimidade do poder, a violência de Estado, a censura da imprensa, não restava muita nuance a justificar. Aprendemos a viver num mundo de certo e errado, de torturadores e vítimas. Havia uma prioridade ética que pairava sobre todos os projetos: a restauração do Estado de direito, a partir da qual o país seria outro.

Corações e mentes se criaram por décadas nesta polarização simples e nítida: eles e nós. "Eles" eram os militares, a Arena, a polícia, o Dops, e todos os ministros e políticos que serviam felizes à ditadura. E "nós", quem éramos? Não sei — éramos uma massa amorfa que se movia em silêncio, aqui e ali se organizando politicamente, em outra parte pegando em armas (num dos erros políticos mais brutais da nossa história), grande parte com um pé em cada margem, porque afinal todos precisam viver, não é assim? E o povão tocando o barco, como sempre.

O mundo mudou completamente, a grande polarização político-econômica do século XX, que alimentou a Guerra Fria, virou pó, o poético "foco guerrilheiro" se transformou em Al-Qaeda, a informática virou todas as relações sócio-econômico-culturais do avesso, o Brasil vai completando o mais violento processo de urbanização da sua história — e a geração polarizada, de qualquer partido, chegou enfim ao poder. O mundo mudou, mas não a cabeça que, como a boca entortada pelo cachimbo, só consegue pensar em "nós" e "eles". É verdade que essa é uma técnica política velha como as pedras: nós somos a salvação e eles são a desgraça — portanto, vote em mim.

Nessa simplificação mental de palanque, "eles" são uma entidade diabólica, escondida insidiosamente atrás das portas, com braço de Obama, orelha de FHC, nariz de bruxa, bafo de "elite" — e "nós" somos difusamente o bigode do Sarney por aqui, as pedras de Ahmadinejad por lá, e no meio a torcida do Corinthians. O que impressiona é que, com o carisma do presidente a serviço de uma renitente fantasia política, o pensamento chapado acabou por ocupar todos os espaços de reflexão pública. Tenho esperança de que a presidente Dilma devolva um mínimo de racionalidade e de complexidade ao debate brasileiro. Porque a sensação que se tem é de que, hoje, apenas o Estado pensa.

[07/12/2010]

Terraplenagem política

Um assunto comum nas conversas sobre eleições, para quem não é fanático nem cabo eleitoral, é o assustador esvaziamento partidário brasileiro. Diante da sopa de letras que vemos e ouvimos, a infinidade de "pês" isso e aquilo que não significam rigorosamente nada, parece que o desprezo aos políticos ganha mais consistência. É até um recurso dos candidatos — muitos se apresentam como "não políticos", como "diferentes", como se enfim eles não fossem o que escancaradamente são. Mas esse desprezo que alimentamos é apenas um escapismo confortável. Ou, quem sabe, um erro profundo. Ruim com eles, infinitamente pior será nossa vida comum quando não há opções, quando a administração é entendida como apenas uma atividade "científica" e não fruto de escolhas que são, na sua substância, políticas. Ou, muito pior ainda, quando a simplificação mental nos leva a achar que, no descalabro geral, "só a força resolve" — o Brasil viveu duas décadas de ditadura e até hoje não se recuperou dela, afundado na prepotência, na incompetência, na falta de projetos ou no simples terror de Estado.

Assim, estamos muito melhor do que antes, apesar das aparências. As eleições deixam saudavelmente o país à flor da pele: o esforço publicitário dos candidatos de esconder e esconder-se no escancarado tráfego e tráfico de partidos que não significam coisa alguma é, paradoxalmente, de uma impressionante clareza didática. Está tudo diante de nós. A falta de nitidez partidária ou ideológica tem raízes na própria origem do Estado brasileiro e foi se fazendo em séculos de história; e, em tudo, reflete-se a realidade de um Brasil que se recusa teimosamente a educar-se. O estamento privilegiado da educação pública brasileira, em salário e condições de trabalho, que são as universidades federais, fez a mais longa e esquizofrênica greve da nossa história (sempre recebendo o pagamento em dia). Já os índices da educação básica e média (sem a qual não se consegue fazer nada mais adiante) continuam, como sempre, entre os piores do mundo. A urbanização selvagem e o entendimento de que civilização é uma mera capacidade de consumo, um conceito que tem sido a grande marca do país desde que o Plano Real deu as condições mínimas para o Brasil parar para pensar, resultaram no que vemos. Não há nem ideias, nem partidos. É uma condenação eterna? Não — é uma escolha. E também, do lado de lá, um interesse poderoso com raízes bem localizadas. A esmagadora terraplenagem política que, montado na sua extraordinária popularidade, Lula promoveu no país em seus oito anos de governo rendeu rapidamente seus frutos — o mais vistoso deles está sendo apresentado em fatias pelo Supremo. O pouco que havia de alguma clareza ideológica, fundamental no debate político de qualquer nação, foi reduzido a pó no "populismo de resultados".

[18/09/2012]

Que Maomé nos proteja

Sempre fui um otimista, talvez mais por inclinação genética do que por tirocínio, mas não importa: a ideia de que a vida e o mundo vêm melhorando nas últimas décadas me parece óbvia. Porém meu otimismo atávico está sofrendo algumas fissuras por um conjunto de sinais em torno do conceito de liberdade, que para mim é central em tudo que envolva a condição humana e a capacidade política de resolver problemas.

Um exemplo didático é este *trailer* amador satirizando Maomé que, ganhando versão em árabe e invadindo a internet, ganhou uma ressonância alucinada, completamente fora de qualquer senso de medida, e provocou reações de massa em dezenas de países, com depredações, atentados e mortes. Não há como inventar atenuantes a esta reação absurda, senão renunciando a aspectos cruciais da cultura moderna do mundo inteiro, e não apenas do Ocidente, como às vezes parece; imaginar que a extraordinária civilização muçulmana — com a presença histórica que teve na própria formação da Península Ibérica, de onde viemos — assine embaixo desta bárbara regressão medieval que, com volúpia, condena à morte quem quer que não comungue do mesmo dogma é simplificar demasiadamente o mundo de hoje. Imaginar que um sacerdote fanático de qualquer religião possa determinar a pauta mundial do que é ou não permitido, no Ocidente e no Oriente, e transferir à esfera política o que não passa de opção individual é um pesadelo teocrático que está voltando a se tornar realidade.

Sempre que se começa a discussão por se frisar a falta de qualidade do filmeco, ou por se perguntar (em voz baixa) da "conveniência" desta ou daquela charge sobre o profeta, ou ainda por se centrar no "respeito às crenças" ou outra abstração religiosa da esfera pessoal, o fanático está ganhando a batalha da liberdade. São sinais inquietantes, surgindo em toda parte, de que o espírito da liberdade está renunciando a si mesmo em nome de um "politicamente correto" universal e assustador, frequentemente totalitário, que determina o meu limite. A ânsia de controle e opressão, o pastoreio da inteligência e da imaginação e o horror à liberdade andam juntos. A condenação à morte de Salman Rushdie, que o mundo acabou por engolir com uma terrível naturalidade, parece pôr em prática o bordão da rainha de *Alice no País das Maravilhas* — por qualquer "dá cá aquela palha", o pequeno fanático grita: "Cortem-lhe a cabeça!" Este macabro culto à morte não chegou aqui, imagino. Mas alguns sinais da vida cultural brasileira parecem indicar que nossa renúncia vem se consolidando com firmeza: a proibição sistemática de biografias, a cruzada estúpida contra os livros de Monteiro Lobato, as liminares indignadas de juízes contra a veiculação disso ou daquilo na internet — em suma, todas as manifestações miúdas de um horror jacobino à liberdade. Que Deus, o Clemente, o Misericordioso, nos proteja.

[02/10/2012]

Partidos, pessoas e poemas

Meu plano era escrever uma crônica sobre o que todo mundo já sabe: não há mais partidos no Brasil. A mixórdia partidária parece o retrato de um país que se recusa a pensar, a racionalizar e a escolher. O jogo é bruto. Até algum tempo atrás cheguei a sonhar com alguma nitidez partidária, não de fanáticos, mas de ideias ou conceitos. O choque da velha cabeça agrária brasileira com o seu violento e tentacular corpo urbano, ou a centenária cultura do Estado provedor e paternalista chocando-se com o espírito da iniciativa capitalista e indiferente, ou mesmo, no espaço da vida comunitária, os conceitos de transporte público e privilégio privado e suas consequências, boas ou terríveis, na vida cotidiana são temas políticos fundamentais que merecem formulação clara, escolhas nítidas, cultura da diferença, alternância de pontos de vista — tudo aquilo de que a vida política brasileira parece ter horror. Sou desligado e cada vez mais distraído, quase nunca vejo tevê, mas algumas coisas saltam aos olhos, como diz o chavão.

Minha sábia diarista diz que não vota em partidos, mas em pessoas; exatamente a mesma frase que li, anos atrás, numa página de Millôr Fernandes. À época, achei que ele estava errado; cartesiano, pensava que estruturas partidárias sólidas e conceitualmente bem formuladas eram o melhor caminho da civilização. Por mais que isso às vezes pareça desesperador, não há salvação fora da política. Continuo pensando assim, teimoso, mas acho que, enquanto não se faz uma reforma partidária decente, votar estritamente em pessoas é o que nos resta abaixo da linha do equador. Pelo menos como tática de sobrevivência e especialmente no âmbito concreto da cidade, que nos interessa de perto, e não na abstração do país.

No mais, recorro à poesia, que é uma boa solução para os enigmas de todo dia. Abro Carlos Drummond de Andrade, meu oráculo, e lá está: "Este é tempo de partido,/ tempo de homens partidos." O poema é justamente chamado "Nosso tempo" — e ele parece mesmo falar de nós, embora escrito há mais de meio século. Os versos falam de um tempo de guerra ("Tempo de cinco sentidos/ num só. O espião janta conosco"), mas até na nossa paz momentânea o sentimento de fratura permanece. Vejam-se alguns versos: "Visito os fatos, não te encontro." E mais adiante: "Esse é tempo de divisas,/ tempo de gente cortada./ De mãos viajando sem braços,/ obscenos gestos avulsos."

A visão trágica do poeta ("Símbolos obscuros se multiplicam./ Guerra, verdade, flores?") deixa sempre uma margem solitária de esperança — "Ainda é tempo de viver e contar./ Certas histórias não se perderam." Súbito, parece que o poeta via televisão naquele tempo de "cortinas pardas": "No céu da propaganda/ aves anunciam/ a glória."

Eleição à vista, sigo a intuição de Drummond:

"Calo-me, espero, decifro.
As coisas talvez melhorem."

[23/10/2012]

O ornitorrinco

Há dois anos escrevi uma crônica chamada "O pensamento chapado", sobre a polarização política brasileira. Eu alertava meus oito leitores que o título não se referia aos efeitos de drogas, mas ao pensamento só com dois lados. Cada um deles, como um plano telefônico, já contém um conjunto inteiro de itens, em venda casada. Assim, não dá para fazer ligação interurbana com o plano "Feliz" e ligação local com o plano "Alegre". Temos de assinar o pacote completo, que é sempre "Triste". No futebol da TV é a mesma coisa: a única felicidade de ver meu querido Atlético na série B seria pagar menos no *pay-per-view*, mas foi uma doce ilusão: se queremos a B temos de levar também a série A. Este ano tem de passar logo, que o prejuízo é grande.

Pois volto ao tema do pensamento chapado.

O pensamento chapado funciona assim: se defendo a Comissão da Verdade e o levantamento dos crimes de Estado durante o período da ditadura militar brasileira, que foi assunto do meu último texto, necessariamente devo fazer parte de um pacote que inclui a defesa da presidente Dilma — aliás, da *presidenta* Dilma, perdão —, da estatização da economia, do governo Chávez, e assim por diante, numa cascata que termina com uma ovação ao comandante Fidel Castro.

Por outro lado, virando a chapa, se eu acho que as Farc são um movimento terrorista e que Battisti deveria ter sido devolvido à Itália, sou, naturalmente, de direita, e portanto quero entregar a Amazônia aos imperialistas, acho que essa Comissão da Verdade é um revanchismo de quem mama na teta do Estado, certamente penso que a prisão de Guantánamo é ótima para segurar os militantes islâmicos, e, apertando bem, até defendo que o fuzilamento sumário de marginais é uma boa ideia e a tortura um legítimo método de investigação policial.

Parece que alguém defender o ponto de vista de que o Estado deve ser sempre responsabilizado por seus crimes, em qualquer situação ou regime político, e que por isso a Comissão da Verdade marca um momento de maturidade política do Brasil, e, ao mesmo tempo, considerar Cuba uma ditadura decrépita nas mãos de uma gerontocracia que destruiu o país, é uma contradição metafísica que colocaria essa pessoa fora do mundo possível, fruto de alguma imaginação desvairada que cria ornitorrincos mentais inviáveis na vida real. Ou você se encaixa, ou é encaixado. Pessoas que acham que a invasão do Iraque foi um erro e um crime e que também acham que o governo nuclear-teológico do Irã é um perigo não desprezível estão "fora do esquadro"; elas não "pensam em bloco", como se dizia nos bares dos anos 1960.

Como tenho horror a "pensar em bloco", acho que sou um ornitorrinco. Toda a minha vida adulta tem sido uma luta diária para fugir do pensamento chapado e dos planos telefônicos e televisivos de venda casada. Do primeiro eu me livrei; já dos segundos tem sido bem mais difícil.

[29/05/2012]

Solidão lunar

Nunca fui um leitor fiel de ficção científica, mas tive um ponto de partida respeitável, que foram os livros de Júlio Verne, cuja obra devorei com devoção. Estava ali a antevisão tecnológica — submarinos, aviões e viagens à Lua, tudo em pleno século XIX —, mas não o elemento fantástico. Júlio Verne era, de fato, um autor iluminista, que escrevia cada linha com o compasso da realidade e da razão. Depois, assumi sem pensar o preconceito contra o gênero; literatura, para mim, era

Dostoiévski, Graciliano Ramos, Drummond, Thomas Mann — mergulhos torturantes nos mistérios da condição humana, e não aventuras extraterrestres de histórias em quadrinhos e filmes de segunda classe. A ficção científica que realmente me interessava era a do *Admirável mundo novo*, de Aldous Huxley, e *1984*, de George Orwell — livros que são, convenhamos, outra coisa.

Bem mais tarde, menos por gosto e mais por um espírito escolar de conhecer o gênero, e, quem sabe, para falar a meu favor, certo desejo de abrir fronteiras na cabeça, comecei a ler alguns clássicos, como H. G. Wells e Isaac Asimov. Deste, gostei especialmente de *Eu, robô*. Achei curiosas as "três leis da robótica", em torno da ideia de que nenhum robô pode agir contra o ser humano, o que, no livro, levava a paradoxos fascinantes. Mas eram leituras de gabinete, sem paixão. Até que, por indicação de uma amiga, li *Solaris*, de Stanislaw Lem, e *As crônicas marcianas*, de Ray Bradbury. O primeiro é uma impressionante fantasia filosófica sobre um "planeta oceano". Mas o que bateu mesmo na minha alma foi Bradbury, um prosador com olhar agudo para os descompassos sutis da vida cotidiana, aos quais ele dá um relevo extraordinário justamente pelas situações fantásticas, inusitadas, em outro tempo e espaço, o que amplia a nossa invencível fragilidade.

Não tenho mais minhas *As crônicas marcianas* — emprestei a alguém, que, é claro, não me devolveu; agora devem estar circulando pelo espaço sideral, espero que passando de mão em mão, capa suada, orelhas de burro, anotações a lápis nas margens. Mas vou contar de memória uma das histórias do livro. A população da Lua, por um desastre qualquer, teve de ser totalmente evacuada. Um homem perde o último foguete de volta e se vê, absolutamente só, naquele gigantesco deserto de casas, cidades e estradas soturnas. De repente, toca um telefone: a esperança de um contato humano. Ele atende e é uma mulher! Uma bela voz de mulher! Ela está no outro lado da Lua. Louco de alegria, pega um dos carrões abandonados e se lança numa viagem de horas e horas e horas numa autopista vazia e sem fim. Imagine-se tudo que ele estaria pensando naquela situação-limite plena de esperança. E ele chega, enfim, ao seu destino.

Não posso contar o que aconteceu. Leiam *As crônicas marcianas* e vocês terão uma amostra do quanto perdemos com a morte de Ray Bradbury, na semana passada.

[12/06/2012]

Um dia a menos

Enquanto neste exato instante meus dezessete leitores estão indo às urnas votar, aqui o domingo já acabou e pela janela do hotel vejo o mundo escurecer chuvoso: estou em Tóquio. Quando fui para a Austrália, achei que havia feito a mais longa viagem da minha vida. Engano — agora sim, fiz a viagem mais longa, com uma parada em Paris, quando de fato percebi que já estava muito longe do Brasil. Para bem conhecer nossa terra natal, temos de sair dela. Depois de penar no aeroporto de Guarulhos — em ruínas, sujo, lotado, barulhento e caótico, que vem servindo de mote para ofender as rodoviárias brasileiras, que são pontuais —, a espera no Aeroporto Charles de Gaulle, aquele espaço imenso, inteiro *high tech*, deu a dimensão do nosso atraso. E há pouco o desembarque no aeroporto de Narita repetiu essa impressão do crônico descompasso brasileiro. Isso é humilhante. Mas, para um otimista como eu, é sempre bom um choque de realidade. Bem, fica para outra hora especular por que o Brasil nas últimas décadas deixou sua infraestrutura ruir, para onde quer que se olhe.

Semana passada, fui de Curitiba a São Paulo em quarenta minutos; esperei outros quarenta por um táxi, e mais cinquenta para chegar ao hotel, e essa era a opção mais rápida possível, à falta de um helicóptero. Enquanto isso, o rádio comentava apagões nordestinos.

Mas vamos falar de coisas amenas: nessa viagem perdi um dia da vida, já não bastassem esses anos todos que não voltam mais — porém garantem que pelo menos essas horas serão recuperadas. Não me importei, correndo atrás do resultado do jogo do Atlético na tela do computador, e já recebi a primeira boa notícia do Oriente: ganhamos de três a zero! Por um segundo delirante, imaginei que só eu no mundo soubesse do resultado, uma vez que o jogo, pelos mistérios do fuso horário, quem sabe ainda estivesse para começar em Curitiba? Outro choque de realidade: não cruzei a linha do tempo; só perdi um dia. O que me lembrou *A volta ao mundo em 80 dias,* de Júlio Verne, leitura da minha infância. A narrativa conta a história de um tira-teima: o milionário inglês Phileas Fogg aposta com amigos — vivendo na moderníssima Londres do século XIX — que já é possível fazer a volta ao mundo em oitenta dias. Oitenta dias depois, numa sequência de peripécias maravilhosas, em que ele vai calculando o tempo, imagina que perdeu a aposta por míseras 24 horas, até descobrir ao acaso, ao abrir fleumático o jornal, retomando sua rotina no clube, que era ainda o octogésimo dia, justamente pelos mistérios do fuso e da rotação da Terra. Não me perguntem por quê — Júlio Verne explica.

Mas não estou aqui a turismo, embora não largue minha máquina fotográfica: como ainda não cheguei na fase do almoço grátis, tenho palestras a fazer sobre literatura brasileira, no Japão e na China. Bem, nesses dias enfim terei alguma coisa nova a contar nas minhas mal traçadas linhas.

[30/10/2012]

Dois dias em Macau

Macau é um breve território de 28 km² encravado no sul da China pelos portugueses desde 1557, justo no momento, também breve, em que Portugal dominava o mundo. Se os europeus sempre viveram a volúpia da conquista por mares nunca dantes navegados, a imemorial civilização chinesa bastava-se a si mesma, determinando-se o centro do mundo e se protegendo dos perigos externos, que foram muitos. É sintomático que uma de suas obras mais fantásticas seja justamente a Muralha da China, uma engenharia de defesa. O pequeno entreposto comercial sobreviveu nas mãos dos portugueses por mais de quatro séculos, até que um acordo firmado em 1999 determinasse a devolução definitiva de Macau à China em 2049. Por enquanto, é uma cidade de administração autônoma — cabe à China comunista apenas o controle da defesa e da política externa. Pois este escriba foi parar ali, encerrando sua participação na 1ª Jornada Literária a convite das embaixadas brasileiras no Japão e na China.

São muitas as estranhezas e curiosidades de Macau, que reúne em suas duas ilhotas — Taipa e Macau —, ao longo de blocos compactos de prédios, uma das maiores concentrações urbanas do planeta (em torno de 18.000 hab./km²) e uma respeitável renda per capita (36 mil dólares); e a moeda local para nós tem graça: chama-se "pataca", ora pois!

Após um bom tempo mergulhado em ideogramas indecifráveis, senti o prazer de rever minha língua — até descobrir outra verdade: em Macau, tudo é escrito em português, mas ninguém fala português. O espaço da língua vai-se minguando, concentrado em menos de 3% de falantes, enquanto o cantonês — falado no sul da China — domina Macau. A cultura portuguesa luta por se preservar do lento e inexorável torniquete linguístico, econômico e político da China dominante, uma segregação que se percebe sutil — a sensação que tive é que ali nada se mistura. A língua mantém-se viva pelo rádio (fui entrevistado num saboroso programa chamado *Rua das Mariazinhas*), televisão (onde me perguntaram sobre os perigos do malfadado acordo ortográfico, uma obsessão portuguesa — e eu nem me lembrava mais dele!) e revistas de alto padrão gráfico, como *Macau*. E a bela Livraria Portuguesa, na região antiga da cidade, mantém um pequeno auditório para palestras e exposições. A arquitetura portuguesa conserva-se em bairros típicos, fonte intensa de turismo, mas, insidiosamente, espigões modernosos foram espetando o horizonte até transformar a paisagem no que é hoje — um misto inverossímil de discreta memória colonial e ostensiva arquitetura *kitsch* com tapumes fulgurantes de Las Vegas. Maior fonte de renda do território, os cassinos dão literalmente as cartas em Macau, recebendo hordas de turistas da nova classe média chinesa. Outro dos paradoxos da China comunista — ou apenas, quem sabe, da milenar paciência oriental.

[20/11/2012]

O turista acidental

Escrevo de Guadalajara, onde participo da tradicional Feira Internacional do Livro, junto com uma comitiva de escritores brasileiros que começam a ocupar, ainda timidamente, algum espaço internacional. O que se deve em especial ao Programa de Estímulo à Tradução da Biblioteca Nacional, que está fazendo o que muitos países de Primeiro Mundo já fazem há muito tempo — conceder bolsas a tradutores de títulos já contratados por editoras estrangeiras. No mundo inteiro, a literatura é parte importante do que se chama *"soft power"*, o poder da cultura, suave mas não menos eficaz, como americanos e europeus sempre souberam. Lembro que, na China, o intérprete que me acompanhava frisou o quanto é importante a divulgação cultural do país — e, me perguntando o que o Brasil conhecia dos escritores chineses, puxei pela memória e só me lembrava de dissidentes, que são os que chegam aqui. No caso do mundo latino-hispânico, não é a censura que nos atrapalha, mas prosseguimos distantes. Só os conhecemos, por acidente, pela via da Europa; e eles simplesmente não nos conhecem. São literaturas que conversam pouco entre si.

Mas, turista acidental, queria falar do México. Do Japão e da China, em minhas mal traçadas linhas consegui dar alguma impressão de unidade, ou pelo menos criei essas identidades na minha cabeça. Mas o México confunde. Três dias na Cidade do México, a gigantesca capital que se espalha interminável, com pouca concentração de arranha-céus, deixaram-me com uma impressão a um tempo familiar, a pobreza ostensiva, uma informalidade espraiada em toda parte que parece ser a alma do país (aqui "gorjeta" se chama "propina", o que para nós é engraçado), e estranha, como a sombra de uma civilização oculta que parece latejar teimosamente na superfície moderna. Algumas horas no Museu de Antropologia (uma viagem impactante ao mundo pré-colombiano) e outras tantas passeando em torno da imensa Catedral, onde o clássico culto do martírio cristão dos pedintes mistura-se com indígenas fazendo *"limpias"* cerimoniais (o nosso "descarrego"), vão nos dando esta dimensão secreta. Há quem veja uma sabedoria transcendente nas culturas destruídas pelos espanhóis, ou mesmo nas que se autodestruíram séculos antes sem ajuda, como a dos Maias. O racionalismo europeu costuma apaixonar-se pelas sugestões da magia mexicana, pelo seu culto da morte, suposto sinal de uma inocência libertadora pré-cristã, como na obra de D. H. Lawrence (*A serpente emplumada*). Mas também pode-se ver aqui a tragédia de civilizações que apenas se condenam a repetir a si mesmas. Talvez seja um signo desta América Latina. A retórica da perpétua revolução — que se vê na grande arte muralista mexicana, e a rigor em cada placa de rua — coloca o ideário da esquerda na mesma dimensão mitológico-religiosa de um culto, com o seu subsequente e insuperável martírio.

[04/12/2012]

Museus de cera

Por acaso, já fiz um *tour* por parte substancial do museu de cera da esquerda mundial. Em 2000, em Moscou, visitei a cripta onde está exposto Vladimir Ilitch Ulianov, mais conhecido por Lênin. Entrei na fila da maravilhosa Praça Vermelha, no paredão frontal do Kremlin. Os guardas, de pouco humor, faziam uma revista severa — era proibido levar máquina fotográfica. Tive de voltar correndo ao hotel, que era próximo, largar a máquina, e retornar à fila — não perderia Lênin por nada. A fila andava rápido, e a visita inteira tinha um ar de descida às catacumbas. Entrei num corredor estreito, baixo e escuro, ao fundo virei à direita, num breve e sombrio labirinto, e de novo à direita, onde vi, bastante próxima, a múmia de Lênin, preservada sob uma campânula de vidro, num velório perpétuo. O terno preto parecia pobre e gasto, e a pele do rosto luzia artificial sob a única fonte de luz do túmulo. Repetidas ordens, sempre de pouco humor, lembravam que era proibido parar. Vi um russo fazer contrito o sinal da cruz diante do maior ídolo do comunismo do século XX. Seguindo a fila, dei a volta pelos pés de Lênin, entrei em outro longo corredor escuro e saí para a luz do sol.

No ano passado, na China, visitei a múmia de Mao, na igualmente impressionante Praça da Paz Celestial, debaixo da neve de uma manhã gelada. Do mesmo modo, guardas sem humor controlam a fila de visitantes, mas a inspeção foi muito mais rigorosa, com máquinas de raios X e revistas pessoais com detectores de metal. Também há ordens expressas, sempre gritadas, de que é proibido parar. Mas, ao contrário da cripta medieval de Lênin, que lembra uma hagiografia do cristianismo primitivo, seguindo atavicamente uma vertente profunda da religiosidade russa, o mausoléu de Mao tem outro espírito — o cenário é de uma monumentalidade imperial e triunfante. No centro de salão imenso, o pé-direito a perder de vista, sobre um pedestal inclinado, rodeado de gigantescas coroas de flores de cores berrantes, sob o domínio onipresente do vermelho, jaz o corpo do Grande Timoneiro. A fila passa longe, e rápida, desembocando numa feira de barraquinhas onde se negociam animadamente suvenires de Mao de todo tipo, preço e tamanho.

O culto às múmias talvez seja um dos aspectos mais grotescos de máquinas de Estado que aspiram à eternidade dispensando a metafísica nossa de todo dia. O governante, sacralizado, confundindo-se à força com a própria Nação, não permite outra postura senão a adoração perpétua, que é garantida à bala. Ao fim e ao cabo, trata-se apenas de manter o controle do bom e velho poder.

Fico pensando nos eternos equivalentes tropicais. A Venezuela acaba de criar o governante fantasma, para a glória maior do bolivarismo. Quanto a Cuba, el Comandante, que destruiu o país para salvá-lo, terá por certo ainda uma longa vida, assim na Terra como no Céu.

[15/01/2013]

De Gutenberg ao *bit-torrent*

Piratas são figuras míticas do nosso imaginário. Por uma discreta trapaça de sentimentos, substituímos a figura sanguinária que não respeita ninguém pelo líder solitário e vingador que faz justiça por conta própria num mundo que nos parece injusto. Há na imagem um toque messiânico — Lampião e Che Guevara habitam mundos paralelos, em que a ideologia é apenas um detalhe, porque os efeitos são semelhantes. Por ironia, Che, que assinava o dinheiro de Cuba do tempo em que foi presidente da Casa da Moeda, estampa hoje as bandeiras das torcidas organizadas, e Lampião é figura tratada carinhosamente na imaginação brasileira.

No mundo pós-muro de Berlim, que foi se definindo pela invasão da internet em todas as esferas da vida, os piratas ideológicos estão sendo trocados pelos simplesmente comerciais, de um lado, e, à falta de um nome melhor, pelos piratas culturais, de outro. Um computador caseiro são cinco milhões de prensas de Gutenberg. O poeta Hans Magnus Enzensberger dizia, nos anos 1970, que o xerox acabaria com o império soviético, uma metáfora maravilhosa. Pois hoje a transmissão de arquivos digitais está tendo um efeito semelhante, e devastador, sobre um modelo de produção e distribuição de conhecimento baseado ainda no balcão da lojinha.

Voltemos aos piratas, agora dividindo as águas — a fronteira simples entre o crime e a transgressão indefinida — para tentar entender o que está acontecendo. Uma coisa é replicar DVDs numa garagem subsidiada pelas máfias da economia subterrânea, distribuí-los entre os lumpens do sistema de produção, que o venderão nas esquinas às classes C e D por três reais. Outra coisa é o cidadão integrado ao sistema (emprego, salário, imposto, escola, internet) baixar um filme, um livro ou um disco pela internet. São bilhões de fragmentos (os "*bit-torrents*") sendo trocados por segundo numa teia universal, que se consubstanciam no que o freguês quiser — como o episódio de *House* que passou ontem nos Estados Unidos e hoje pode ser visto aqui numa TV com entrada de *pen drive*, ou mesmo livros, um assunto candente agora que os livros eletrônicos começam enfim a se viabilizar.

Há tentativas de reverter a onda — alguns países da Europa ensaiam cortar o acesso à banda larga de usuários de programas "*torrents*", uma opção juridicamente insustentável. O fato é que jamais se vivenciou tamanha troca de bens culturais, acontecendo indiferente ao mundo da lei. A tecnologia digital implantou uma cultura da velocidade e da ubiquidade, um rolo compressor sobre o tempo, que os jurássicos sistemas de produção e distribuição de bens são incapazes de acompanhar. "Indiferente ao mundo legal" é dizer pouco; a não ser que voltemos a algum pesadelo totalitário que transforme cada computador caseiro num espião do Estado, já agora um Estado supranacional (ou seria inútil), esse fato será consumado mesmo.

[03/11/2009]

Seguidores, perseguidores e fugitivos

Já contei várias vezes nesta coluna o quanto sou adepto de novidades tecnológicas e quinquilharias eletrônicas. Sempre fui um fanático por computador, e comecei não pelo Windows 7, como esse povo mimado de hoje, mas aprendendo linguagem DOS naqueles monitores de fósforo verde que pareciam painéis da Nasa em filmes dos anos 1960. Lembro do primeiro caixote que desembarcou aqui em casa, um cérebro eletrônico sem disco rígido (se dizia *"winchester"* naqueles tempos antiquíssimos) e com duas fendas para duas bolachas flexíveis, os tais disquetes. Custou uma fortuna, e via contrabando (acho que meu crime já prescreveu), porque naqueles anos do final da ditadura a inteligência que governava o país considerava o computador uma máquina perigosa e ameaçadora, que haveria de corromper a nossa indústria e destruir a segurança nacional — entrar no Brasil com um computador disfarçado era mais perigoso que traficar cocaína. Se naquela época cuidassem da cocaína e liberassem o computador o Brasil estaria bem melhor hoje.

Ao testar aquela coisa, senti ganas de voltar à máquina de escrever, mas controlei o impulso e nunca mais parei. Hoje sou macmaníaco e considero Steve Jobs o homem do milênio; peguei até aquela arrogância típica, o nariz empinado, o queixo erguido dos felizes proprietários de Mac que, diante de um Windows qualquer, fazem um muxoxo de desprezo diante de tanto primitivismo tecnológico.

Pois bem, todo esse introito teve a intenção de dizer que não sou um velho careta que entra em pânico diante dos botões de um controle remoto qualquer. Costumo ir em frente e desvendar as necessidades que eu nunca tive mas que agora são de uma urgência urgentíssima ou a vida perderá sentido. Mas só parei num limite: na área da comunicação, tudo que veio depois do e-mail não me interessa. Orkut, Facebook, LinkedIn, Quepasa e quejandos, as tais redes sociais que hoje movem o mundo, tudo isso me é infinitamente indiferente. Passo a manhã deletando convites para entrar nessas redes, partilhar fotografias, fazer listas de amigos, trocar mensagens. Se o paciente leitor já me convidou para essas redes e estranhou meu silêncio, aqui vai a explicação: é coisa demais para mim. Prefiro o velho e bom e-mail, que lembra vagamente as cartas que passei a vida escrevendo e que me ensinaram a escrever — quem quiser me dizer algo, que mande um e-mail.

Agora a última moda é o tuíter. Na verdade, já faz tempo. Bem, nunca abri, li ou escrevi um tuíte na vida. Sei que tem no máximo 140 caracteres, o que faz de Dalton Trevisan o precursor universal do tuíter, antes mesmo de existir computador. Sei também que os tuíteres têm "seguidores", como num jogo; e já comprovei que há intrépidos "perseguidores". Pois bem, acabo de inventar a categoria dos "fugitivos". Fui.

[04/01/2011]

Na praia

Escrevo da praia, para onde vim me refugiar em busca das férias míticas que não acontecem nunca. Bem, férias são a sua própria procura, o oásis que avança pelo tempo. Estou aqui nesta geografia que, felizmente, ainda não existe nos grandes mapas; é só um balneário entrar no mapa, e adeus sossego. Bem, isso é conversa de sessentão; tivesse eu meus 20 anos, quereria os grandes mapas, onde a vida trepida. (Não, não é verdade; nos meus 20 anos eu queria era me esconder, poeta, na ilha de Superagui, na solidão da praia Deserta. Fui para lá várias vezes, politicamente incorreto, caçar jacaré sob o comando do capitão Rio Apa e sua trupe, numa baleeira muito adequadamente chamada de *Anarco*, que subia o canal de Ararapira. Nunca pegamos nenhum, mas o importante era a busca da solidão. O que prova, talvez, que mudamos muito pouco.)

Também não é verdade — desculpem, a vida é confusa. Porque o que eu quero mesmo hoje é menos solidão e mais um sossego controlado, pasteurizado e, de preferência, com ar condicionado. Naqueles tempos bárbaros, povoados de hunos, alanos e vândalos ululantes cheios de ideais regressivos, este desejo de conforto seria a prova definitiva da minha decadência.

Fiquemos aqui no meu paraíso caseiro, que está a uma hora e pouco de Curitiba, ainda sem engarrafamentos colossais, desses que aparecem na TV. Estou na fronteira difusa entre Gaivotas, que já é quase popular, e Caravela, ou Caravelas, que ninguém sabe que existe — lembro vagamente de uma placa verde com esse nome na beira da estrada, ali adiante, e o pessoal não iria inventar um balneário fantasma. Neste não-lugar eu me refugio, quando preciso despressurizar um pouco. E, afinal, aqui vejo meu amigo lagarto — ou algum representante de uma linhagem de lagartos que há décadas habita o quintal da casa. Desconfiado, um deles já deu as caras, e desapareceu com a mesma rapidez.

Aqui tenho algo próximo do silêncio, a mercadoria mais rara do mundo moderno; se você quer silêncio, vai pagar muito por ele. Mas nesta toca ainda consigo uma réstia grátis de silêncio; à noite, ouço o mar, que é uma espécie alternativa de silêncio; e, durante o dia, os carros que passam adiante são um ruído que se ouve sem ouvir. Os perigosos bárbaros do som de porta-malas aberto têm sido raros nas redondezas com seus decibéis assassinos, o que indica que a civilização, pouco a pouco, avança. É verdade que nos fins de semana explodem com entusiasmo as *waps* e os cortadores de grama; e, ao entardecer, um piromaníaco sempre decide botar fogo em algum lixo que vai empestear de fumaça o ar em torno por várias horas — podemos fugir de tudo, menos do ar. Às vezes alguém estoura uma bomba só pelo prazer do susto. Mas o saldo ainda é razoável: leio um livro, olho o céu, enfrento o fogão, curto o netinho, penso na vida.

[29/04/2014]

O lagarto e eu

Para mim, janeiro é mês de praia, quando sinto a nostalgia da infância e dos tempos em que era possível se viver em casas de quintal aberto. Aqui na fronteira seca entre Gaivotas e Caravelas, tomando alguns cuidados, ainda é possível. E nos fins de tarde ainda passa o carro anunciando pão caseiro, o que me leva aos anos 1960 até pela antiga Kombi que avança devagar. Nas férias, tento me dedicar a não fazer absolutamente nada, buscando o nirvana nesta rede que mal balança, refugiada na sombra. Mas desde que a civilização ocidental percebeu que tempo é dinheiro, a vagabundagem vem sempre carregada de um travo de culpa, mesmo nas férias. Descanso não é uma coisa simples. Exige técnica, atenção, preparo físico, desprendimento, alguma filosofia com toques de autoajuda e até mesmo horário. Descanso é uma miragem, para ir aos fatos, mas precisamos dele.

Tenho me esforçado. Enquanto isso, retomei a maravilhosa biografia crítica de Dostoiévski (1821-1881), de Joseph Frank. Estou no terceiro volume, *Os anos milagrosos* (Edusp), em que o escritor, perambulando pela Suíça, Itália e Alemanha, impedido de voltar à Rússia porque seria preso por dívidas, com a mulher grávida novamente (a primeira filha morreu com três meses) e sofrendo surtos epilépticos, implorava adiantamento aos editores em cartas humilhantes. Frequentando mais as casas de penhor do que as bibliotecas, e às vezes fugindo compulsivo para os cassinos onde perdia o pouco que tinha, escreveu obras-primas como *O idiota*, *O eterno marido* e *Os demônios*, que enviava a Petersburgo em fascículos. Como não bastasse, sentia um fio de inveja dos ricos barões da literatura russa, em dinheiro e em prestígio: Tolstói (que Dostoiévski admirava) e Turgueniev (que desprezava).

Enfim, por todos os motivos não posso reclamar da vida, no quintal da praia. E ainda tenho diante de mim os primeiros quatro volumes de *A comédia humana* (Globo), de Honoré de Balzac (1799-1850), que está sendo relançada numa belíssima coleção. Honoré Balzac, o francês plebeu que acrescentou um "de" para dar um toque nobre a si mesmo, também passou a vida sem dinheiro, mas deixou uma obra monumental que daria uma nova dimensão à literatura do século XIX, com ressonância até nossos dias, da novela das oito aos romances de Philip Roth.

Quando fecho o livro, vejo o lagarto, que, vindo do nada, parece estar ali desde sempre, imóvel e mimético nas veredas do mato, arriscando-se ao ar aberto e ao alcance da presença humana, que ele faz questão de ignorar em sua imobilidade de pedra. Não sei se ele me vê, os olhos paralisados, mas posso sentir a máxima tensão sob a dura couraça pré-histórica. Enfim, encontro alguém mais desconfiado do que eu. Sem respirar, faço um breve gesto que ele antecipa com um movimento elétrico de pescoço, que se incha de aflição: ele também não sabe descansar.

[22/01/2013]

Não quero voltar

Minhas férias — digamos assim, já que na livre iniciativa eu mesmo decido meu descanso, o que é sempre um problema sério a essa altura da vida — estão chegando ao fim. Contemplando o lagarto no quintal, tento me acostumar com a ideia de que o gênero humano não suporta mais de trinta dias de vagabundagem e que, portanto, é hora de subir a serra, pagar pedágio e voltar à vida real. Já sei exatamente o que vou encontrar em Curitiba, tudo empilhado na minha mesa de trabalho: carnês do IPTU e do IPVA, sempre com a clássica dúvida se devo pagar em parcelas ou à vista, mais condomínio, luz, água, escola do filho, natação, gás, telefone fixo, internet banda larga (acrescida do pacote do *modem* para as viagens), celular, revisão do carro, assinaturas de jornais e revistas, cartões de crédito, com seu rosário de prestações, mais a TV a cabo (sabendo desde já que não estão passando os jogos do Atlético, o que talvez seja até melhor para o meu coração, pelo que venho ouvindo no velho e bom rádio) e — não me lembro mais. Mas sei que não é só isso. E em Curitiba o tempo sempre é mais curto e atravancado.

Decidi ficar por aqui. Tudo é melhor, desde que amanheço: não é preciso colocar meia e sapato — basta um chinelo, com aqueles dedões felizes. Roupa, só bermuda, com uma camiseta velha por cima. Se o sol está forte, vai bem um boné. Abro a janela e confiro o tempo: quase sempre se alternam chuva e sol, às vezes tudo ao mesmo tempo. Há um toque primitivo no clima aqui embaixo: ventos furiosos, chuvas torrenciais, seguidas de sol de rachar, como se o mundo estivesse começando agora, com tudo por fazer. A visão do lagarto, imóvel e desconfiado entre as folhagens, completa a fantasia. Além do mais, estou a dois passos da caminhada diária, durante a qual contemplo o mar e penso na vida. O balneário não cresceu nos últimos anos, o que é uma dádiva, e o caminhão do lixo passa regularmente, o que também é. E o único carro de som que chega por aqui é o do pão caseiro, às seis da tarde. É verdade que, nos fins de semana, há ainda quem desembarque na vizinhança e imediatamente partilhe suas músicas com o mundo, num volume de quermesse na igreja. Para meu azar, nunca são as de minha preferência. Fico aguardando o fim do disco, sugerindo mentalmente que o pessoal dê uma passeada na praia e desligue o som descomunal — às vezes o poder da mente funciona. O pior é aquele ruído eletrônico sistemático — tum-tum-tum — que, como os alarmes de carro, tem uma frequência cientificamente programada para enlouquecer o ouvinte. Mas, de fato, a violência sonora tem sido cada vez mais rara, e os ataques de decibéis assassinos em geral ocorrem apenas em alguns horários dos fins de semana.

E que maravilha de segundas-feiras! Como agora: terminando minha crônica, olho pela janela, feliz. Não quero voltar.

[29/01/2013]

Lagarto, gato, lagartinho — e livros

Fazia muito tempo que eu não vivia tão à solta como aqui, no meu exílio feliz — um mês inteiro de férias totais. O álibi perfeito para os convites que, vez ou outra, apitam no celular ou na internet a manivela: estou na praia, em algum lugar fora do radar. Como o carnaval já está na porta, vou emendar tudo e seguir em frente, reformatando a rotina. Mesmo assim, longe de tudo e de todos, como acontece coisa por aqui! Acostumado com o lagarto, que todas as manhãs desfila jurássico para pegar um sol, foi uma surpresa descobrir um lagartinho agitado, que entra e sai da toca do pai (ou da mãe — estou sem conexão para consultar o Google) ao menor apito de grilo. E mais ainda, nesta maquete de selva: entrevi na folhagem um gato, com jeito de onça. O lagartinho entra em pânico; o lagarto mantém uma certa dignidade majestosa antes de desaparecer de um estalo no fundo da terra. Não sei quem é quem nessa guerra de titãs: não sei se o gato tem medo do lagarto, ou é o contrário, ou se tudo depende do tamanho do freguês. O que eu sei é que a lei da selva desgraçadamente não segue os princípios rousseaunianos — não há bom selvagem por aqui. Todos querem se matar.

Enquanto isso, continuo tentando me civilizar, lendo bastante. E já não tenho dúvida de que está havendo um consistente renascimento da prosa brasileira, capaz de fazê-la recuperar os leitores que perdeu, depois de um relativo limbo de três décadas. Comprei pelo iPad (minha última traquitana), em formato digital, *A máquina de madeira*, um romance marcante de Miguel Sanches Neto. É uma bela narrativa, com um toque sombrio e melancólico, quase gótico, sobre o padre brasileiro que inventou no século XIX um protótipo de máquina de escrever — que, é claro, jamais conseguiu viabilizar, enterrado no insuperável atraso escravocrata brasileiro. Mas um aventureiro americano levou o projeto, que uma empresa chamada Remington tornaria realidade poucos anos depois.

E há poucos dias acabei de ler outro romance, *Barba ensopada de sangue*, de Daniel Galera. O título assusta, mas o texto segura o leitor da primeira à última página, com uma prosa limpa e um domínio da arquitetura romanesca como poucas vezes se encontra. O livro enfrenta o ideário que moveu (e vem movendo) boa parte da geração formada do final do século XX aos nossos dias. Ao tratar de um jovem solitário em busca de suas raízes familiares e emocionais, o narrador equilibra frieza, distância e empatia, escapando de armadilhas ideológicas ou sentimentais. E, de não ficção, já estou com a bela edição de *Os ovos de Fabergé*, de Toby Faber, na cabeceira — a história das riquíssimas preciosidades de joalheria que, na Páscoa, os últimos czares davam às esposas, enquanto a Rússia inteira se afundava em torno.

Bem, e venho me arriscando também na cozinha — mas isso fica para outro dia.

[05/02/2013]

O que está acontecendo com a literatura brasileira

Os escritores sempre têm mais talento que liberdade. É uma ilusão achar que, num estalo de dedos, o artista consegue mudar radicalmente a direção do seu texto, escolher seus temas e variar seu estilo. Não por acaso, há uma unidade marcante na obra de qualquer escritor — Coetzee, Machado, García Márquez, Dalton, todos mantêm intacto o seu DNA literário em cada página. Porque escrever não é um *meio* para chegar em algum lugar, mas a própria construção do lugar, na proporção de um tijolo por palavra, dizendo com simplicidade. Não conseguimos escapar da linguagem, nossa alma visível.

Esse tema me ocorreu ao pensar na denúncia que hoje se faz a um suposto mercantilismo da literatura brasileira. Nós escritores viramos todos "comerciantes", mais preocupados com o mercado do que com a arte — e isso é uma catástrofe, a tragédia da globalização, etc.

Há nuances a considerar. A crítica parece lamentar a perda de alguma aura nobre na turbulência destes tempos. No fundo, trata-se de uma crítica mais de natureza moral do que literária, um desconforto com a rápida mudança do mundo, e muito especificamente do Brasil, nas últimas décadas. E às vezes até se entrevê uma certa fantasia de que, em alguma era no passado, teria existido uma "idade de ouro" da prática literária. O que é francamente ridículo, mas pode fazer sentido à primeira vista. Vejamos alguns sintomas. Conferindo ao acaso listas de best-sellers (Fonte: arquivo digital da revista

Veja), encontrei dez títulos brasileiros em 1974, de Erico Verissimo a José Mauro de Vasconcelos. Em 1984, o número de nativos caiu para três: Rubem Fonseca, Fernando Sabino e L. F. Verissimo. Em 1993, Paulo Coelho — e só ele — dominava a lista, com nada menos que quatro títulos simultaneamente. Em 2003, encontro Paulo Coelho, Verissimo e Lya Luft. E em 2013, não há mais brasileiros (com a maravilhosa e surpreendente exceção, já há duas semanas, de *Toda poesia*, de Paulo Leminski).

Conclusão ligeira: o Brasil piorou nestes quarenta anos? Obviamente, não. Saímos de uma ditadura militar para uma democracia, de uma economia fechada para uma economia relativamente aberta, de uma cultura ainda rural para uma violenta cultura de concentração urbana, de um alto índice de analfabetos para uma faixa bem maior de leitores, de uma estagnada classe média para uma emergência de milhões de novos consumidores (inclusive de livros, mas novos leitores sem tradição letrada) — enfim, do artesanato de um mundo analógico para a explosão digital. Em todas as áreas passamos do bucólico conforto do quintal a um perigoso e desconhecido novo mundo. Estamos vivendo exatamente esta mudança. Quem quer que pretenda pensar o que está acontecendo com a literatura brasileira tem de considerar esse conjunto. Que já é coisa demais para a cabeça do cronista — que dirá para suas poucas linhas.

[02/04/2013]

Civilização e cortesia

Ao escrever *O processo civilizador* (Editora Zahar), o pensador alemão Norbert Elias (1897-1990) não focou seu olhar na evolução das ciências ou das artes, como poderia parecer óbvio, mas na gradativa mudança da etiqueta social e do que se chamaria "boas maneiras" durante a passagem da Idade Média para a Renascença e séculos subsequentes. Numa era em que questões de saúde e de higiene nem remotamente se colocavam, detalhes como o advento dos talheres (quando o normal era comer com as mãos) e o uso de guardanapos, e a censura à prática de cuspir no chão ou urinar em público (e como esses comportamentos foram sendo "disciplinados" ao longo do tempo) são analisados em minúcias. Em outra obra, *A sociedade de corte* (Zahar), Elias estuda o aparato da etiqueta e seu papel na constituição do Estado moderno, a partir de Luís XIV, o Rei Sol. Nos salões da nobreza, os gestos de cortesia chegavam ao limite do ridículo, pelo menos para quem observa sob o olhar de hoje. A história prova, entretanto, que foram as nações "bem-educadas" as que mais produziram arte e ciência nesses últimos cinco séculos.

De fato, as marcas da cortesia são elementos fundamentais da sobrevivência das sociedades, desde que os homens saíram das cavernas e as tribos nômades passaram a se estratificar em Estados. Modernamente, as formas da etiqueta são muitas vezes identificadas como as máscaras da hipocrisia, e tendemos a ver na sua quebra sinais de "autenticidade". Mas a essência da cortesia, em qualquer lugar do mundo, é o simples respeito ao outro. Sim, a hipocrisia pode estar na alma dos gestos "bem-educados", mas não é função da etiqueta dar lições de moral — a cortesia é pura forma e pura convenção, e por isso é imprescindível. Ela estabelece um terreno neutro de convivência comum, e controla, sutil, eventuais explosões de selvageria. Todo ato de violência é, antes de tudo, "descortês".

Seria interessante analisar a célebre informalidade brasileira sob o ângulo da cortesia. Lembro que, nos anos 1960 e 1970, a "falta de educação" tinha lá seu charme revolucionário, pelo rompimento de tudo que lembrasse tradição, mas naqueles tempos a contestação pelo comportamento era um traço globalizado. No Brasil, entretanto, essa marca permaneceu e se multiplicou. Os Estados também têm sua etiqueta, e nossa ditadura foi tosca e grossa, como toda ditadura. Isso deixou rastros. A forte urbanização que avançou concomitante ao período militar não favoreceu a cortesia. A vida rural tende a estratificar formas pacíficas de convivência interpessoal que se esfarelam na abstração e no anonimato urbanos. E a onipresente cultura do automóvel, potencializando a estupidez, é outro fator que não nos ajuda no processo civilizador. Nossa cantada "informalidade" é que é, na verdade, hipócrita — ainda somos um país imerso na selvageria.

[09/04/2013]

A cor do ônibus

Numa passagem de *A sociedade dos indivíduos*, o pensador Norbert Elias lembra que a liberalização de alguns costumes ocidentais do século XX, como a maior exposição do corpo da mulher — pernas e braços nus, partilhando o mesmo espaço público dos homens —, exigiu também um maior autocontrole do comportamento masculino. O processo civilizador que começava a igualar homens e mulheres nas praias, nas escolas, nos escritórios e até mesmo no Exército, este mítico baluarte masculino, teve de lidar com o "perigo sexual" da proximidade, supostamente sujeita a riscos graves em culturas repressivas.

Não foi um processo simples, mas, pelo menos para efeitos legais, acabou vitorioso. Hoje, até o movimento gay está próximo de conquistar a mesma "ocupação pública", por assim dizer. Completa-se o que seria a vitória iluminista da ideia de uma condição humana universal, vencendo o terror das diferenças, dos preconceitos, das opressões religiosas, sexuais e políticas. Nessa metáfora da felicidade, que é uma bela fantasia histórica, poderíamos enfim dizer: estamos livres.

O problema é que esta afirmação do indivíduo continua uma fantasia. Padrão de cultura, padrão econômico e padrão religioso são em toda parte realidades dissonantes e conflitantes. A globalização econômica acabou, paradoxalmente, por estimular todos os guetos, em sociedades que se dividem furiosas em modelos étnicos, raciais, religiosos e sexuais.

Também no Brasil? Vejamos. Há pouco tempo, o estupro de uma menina num ônibus na Índia soava como uma relíquia medieval de um país atrasado, em que os papéis sociais são condenações eternas, e ai de quem ignorá-las; a ideia de que negros e brancos têm de ser classificados e separados pela "raça" para efeitos de sobrevivência comum era um absurdo digno do *apartheid* sul-africano; salas de aula só para meninos ou meninas, um anacronismo de meio século atrás. O otimismo brasileiro, alavancado pelo crescimento, empinava o queixo, longe do atraso. Teríamos apenas problemas "sociais", que se resolvem com o aumento de consumo e truques econômicos. Dê um carro ao cidadão que ele se transformará automaticamente num lorde inglês. E no entanto, quando a gente olha a esquina de casa, erguendo a cabeça sobre a cerca elétrica, a fantasia desaba. A civilização foi ficando perigosamente para trás.

É um tema amplo demais para a cabeça do cronista. Mas uma coisa me parece clara: criar um "ônibus rosa" exclusivo de mulheres, como o projeto em curso na Câmara Municipal, por mais lógico, justo e adequado que pareça, é mais uma profunda derrota da civilização. Estamos perdendo a guerra da cultura. Com ônibus rosa circulando, vai ser difícil embarcar nos outros, mulher ou homem. A próxima etapa talvez seja a de enviar analistas à Índia, a Ruanda, ao Irã ou à Arábia Saudita para aprender mais alguns macetes de vida urbana moderna e aplicá-los aqui.

[21/05/2013]

De volta à praia

Semana passada tirei um bom descanso na praia, para rever meu amigo lagarto, este ser pré-histórico corrompido pelas facilidades da civilização semiurbana que se encontra aqui embaixo, que desta vez não apareceu, certamente atrás de alimento mais fácil. O balneário estava vazio, mesmo com o feriado no meio da semana, prometendo uma bela enforcada. Acho que o terrorismo meteorológico espantou os semituristas — lá na orla, tudo é pela metade. A verdade é que fez alguns belos dias, com muito sol, e duas noites de chuva, boas para dormir.

De angustiante, a sensação de insegurança, a mesma de sempre — todas as casas da vizinhança já foram assaltadas; aqui vidros quebrados, ali buracos no telhado, acolá portas arrombadas, numa guerrilha delinquente que se espraia. Do nada, surge alguém batendo palmas e tentando o velho golpe de "inteirar a passagem" para algum lugar, e a paranoia já não sabe se é só um rapaz perdido ou alguém fazendo varredura da casa aberta para voltar depois. O mais próspero empreendimento do país é o da segurança privada, à qual se chega por etapas, trocando a fechadura, erguendo o muro, botando grade, cerca elétrica e, finalmente, na desistência final, o alarme monitorado. A utopia de alguma vida em comum ficou para nunca mais.

Ao pensar sobre o que está acontecendo, o mais difícil é fugir da reação puramente emocional e do instinto assassino que repousa secreto em cada cabeça. Será que é um exagero nosso, impressionados pelo noticiário pontual de um e outro caso bárbaro? Antes fosse — mas as estatísticas não ajudam. O Brasil de fato está entre os piores índices do mundo na área da violência. Não é exclusivamente um fracasso da segurança pública, ainda que a corrupção da polícia seja um dos pontos centrais da insegurança brasileira. Mas nenhuma sociedade pode viver em paz somente à custa da polícia; é preciso mais alguma coisa. Também não é a miséria, o motor dos movimentos sociais que explodiram com a Revolução Industrial; nossos mendigos têm sido mais vítimas que outra coisa, queimados em bancos de praça. A droga, com certeza, é responsável por boa parte da violência urbana, mas ela existe no mundo inteiro com consequências não tão terríveis como as nossas.

O fracasso é entranhadamente cultural. Nos últimos cinquenta anos, ponha-se no liquidificador uma urbanização devastadora, uma ditadura militar estúpida, uma esquerda do século XIX, um estamento político quase sempre corrupto e ignorante, com poucas ilhas de exceção, a destruição do ensino fundamental público e, para coroar o milagre brasileiro, o projeto universal de que todos tenham todos os direitos do mundo e nenhuma responsabilidade sobre nada, que é o DNA do Brasil atual. Um projeto tão bem-sucedido que hoje está arraigado na cabeça de cada criança e adulto do país, de qualquer classe social.

Acho que é a proximidade do inverno que está me deixando pessimista.

[04/06/2013]

Nós e os turcos

Como o Brasil inteiro está deitando e rolando sobre a reforma ortográfica, também vou tirar minha casquinha. Ao contrário da maioria, gosto de reformas — e especialmente das ortográficas, que são raras. A escrita é uma convenção arbitrária, e de natureza política (a "letra da lei"), que pode perfeitamente se adaptar aos tempos. A reforma mais radical de todas foi feita na Turquia por Mustafá Kamul Atatürk (1881-1938); determinou, numa penada, que a língua turca fosse grafada no alfabeto latino, e não mais pelos sinais árabes. Do ponto de vista da língua, nenhum problema: os turcos continuam falando turco até hoje, como os brasileiros continuariam falando a língua que falam mesmo que se determinasse a nossa escrita em caracteres chineses. Mas a importância simbólica foi notável — a escolha do sistema de escrita representou uma afirmação em favor do Ocidente, decidindo sobre uma tensão que até hoje bate no coração da Turquia.

No Brasil, depois de séculos erráticos ao sabor de uma etimologia muitas vezes mal digerida (os *ll, mm, ph, th* que atravancavam a escrita nem sempre tinham fundamento histórico), as reformas de 1932 (de comum acordo com Portugal, que aboliu o trema já nessa época), de 1943 (em que o Brasil voltou atrás em muitos pontos) e de 1971 (suprimindo os célebres acentos diferenciais) deram uma boa modernizada à grafia da língua. Nesse ponto, o fato de o português ser uma língua periférica que ninguém conhece nos ajuda; temos uma liberdade que a língua inglesa, por exemplo, jamais terá.

A melhor reforma ortográfica do Brasil foi idealizada por Monteiro Lobato, nos idos de 1920. Fundador de várias editoras importantes no mundo editorial brasileiro do século XX, Lobato arregaçou as mangas e fez sua própria reforma, publicando todos os seus livros de acordo com ela. É um ato sem precedentes de coragem pessoal diante da convenção legal da escrita. Desprezou até mesmo a reforma de 1943. Brincava a respeito, dizendo que o triunfo da civilização de língua inglesa sobre o mundo se devia ao fato de os ingleses não acentuarem palavras: "O tempo que os franceses gastaram em acentuar as palavras foi tempo perdido — que o inglês aproveitou para empolgar o mundo." Quem tiver em casa edições mais antigas de Lobato pode conferir: ele aboliu todos os acentos das proparoxítonas e acabou com o acento grave (marcava a crase, que manteve, com o acento agudo), entre outras boas ideias. E declarava, grafando ao seu modo: "A aceitação do acento está ficando como a marca, a caraterística do carneirismo, do servilismo a tudo quanto cheira a oficial."

A atual reforma tem função exclusivamente política: a unidade de grafia dos países oficialmente lusófonos. É apenas sob essa perspectiva que a questão merece ser discutida, contra ou a favor. O resto é quirera. A propósito: esta crônica está redigida pela nova ortografia. Alguém notou?

[04/11/2008]

Títulos

Em qualquer texto que escrevo, o título é sempre a última coisa que me ocorre. Invento qualquer coisa provisória — como o "títulos" do alto — e vou em frente, até saber o que de fato escrevi. Então volto ao início e reescrevo o título para adaptá-lo, digamos, à realidade. Exceto naqueles vazios da falta de assunto, o que tem me acontecido com uma perigosa frequência, como agora. Daí corro atrás de um título que me inspire, como quem, começando pelo fim, começa de fato pelo início, se vocês me entendem.

    Dizem os especialistas que título bom é título curto. Deve ser consequência direta dos nossos tempos de tuíte, em que ninguém tem tempo a perder — ou o tempo só está disponível para picuinhas. Os mais pessimistas dizem que ninguém tem mais paciência para ler nenhuma frase que contenha mais de dez palavras, e assim um título comprido demais acaba por espantar esta presa cada vez mais rara de todo mundo que escreve, o leitor. (Alguém disse que logo o Ibama terá de incluir o leitor na lista de espécies ameaçadas, junto com o mico-leão-dourado, o tigre branco e o unicórnio, o que é um exagero.) Mas sejamos otimistas — mesmo antigamente os títulos longos acabavam por se concentrar na memória em uma ou duas palavras: *O Engenhoso Fidalgo Dom Quixote de La Mancha*, por exemplo, passou para a história simplesmente como *Dom Quixote*, o que está de bom tamanho para o livro considerado o mais extraordinário romance de todos os tempos.

    No jornalismo, geralmente quem escreve o texto não faz o título, o que pode criar situações estressantes. Quem dá entrevista morre de medo do título, que quase sempre destaca aquele detalhe menor no meio de um parágrafo, mas chamativo, que costuma ter um efeito devastador na cabeça do leitor; é fácil lembrar de um título, mas não de um texto inteiro. Bem, no caso das crônicas, não posso me queixar, já que eu entrego o pacote completo à *Gazeta*, título e texto. Aqui, a culpa pelo título ruim será sempre minha.

Título bom não pode esgotar o tema. "Vagas especulações sobre títulos de textos", por exemplo, dispensaria esta crônica já no cabeçalho. Mas se você for Dostoiévski, daí pode: *Crime e castigo* — um título que em três palavras mata a pau um romance de quatrocentas páginas. É exatamente isso que você vai encontrar nessa obra-prima: o crime e o castigo. Há títulos que são presságios e que, de tão fortes, transcendem a obra que lhes dá sentido: *Crônica de uma morte anunciada* ou *A escolha de Sofia*. Mas o autor nunca deve fazer pose — tipo "A importância do título exato", o que, pela promessa, deixaria o cronista numa situação difícil. Uma pitada de ambiguidade é sempre bom. Se tiver humor, melhor ainda, mas isso é volátil como neblina — não dá para pegar na mão e colocar no papel. Às vezes você espreme e espreme o assunto e só sobra o título. Que é mais ou menos o que, meio sem querer, acaba de acontecer comigo.

[16/04/2013]

Palavras perfeitas

Há palavras que cumprem exatamente o que prometem: geringonça, por exemplo. É uma palavra perfeita: ela, em si, é o que define. Uma geringonça. Ou então esta bela palavra: sussurro. Até aproximamos a cabeça para ouvi-la melhor. Outras palavras são inadequadas: à primeira vista, ao primeiro som, parecem ter a ver com o objeto que representam, mas exageram — é o caso de paralelepípedo. Típica palavra que começa bem, mas no fim sai de foco. Aquele "pípedo", lembrando perna de garça, ou um longo e fino canudo de alguns tipos de bambu que proliferam em terrenos pantanosos, dá uma espécie de leveza totalmente estranha aos paralelepípedos, coisas que por natureza não se movem nem se plantam. Quer dizer, se plantam, mas não são bambu — bem, vocês entenderam o que quis dizer. Falar nisso, bambu é uma dessas palavras que têm a ver, a gente sente essa estranha identidade entre o som e o objeto.

Algumas palavras são de uma exatidão sonora quase que matemática, mas precisam de acompanhamento: triz. A palavra é perfeita: triz. Nada a tirar nem pôr: você sente a coisa antes mesmo de pensar. Mas, para funcionar, precisa de um pequeno comboio: por um triz. Outra palavra perfeita: peteleco — e essa fica em pé sozinha.

Já australopiteco parece o tipo da obra de uma comissão acadêmica, que criou o termo depois de muito deliberar, com dois votos contra; aliás, é palavra que é em si mesma a exposição de seu *pedigree*, tem sabor de cátedra e de questão que cai na prova, primata da família dos hominídeos, essas coisas. Tudo bem, o austral indica região sul — nós aqui de Curitiba somos meio austrais, uma palavrinha já consagrada pela ciência, mas o tal do "piteco" é que não pega. Conferindo no *Houaiss* a gente descobre que é importação do grego: *pithekos* é macaco, daí vêm os pitecantropos (que, não parece, mas somos nós, da família do chamado *Homo erectus*, um latim cheio de duplos sentidos) e outros bichos. Há alguma coisa intrinsecamente engraçada nessas palavras posudas. Foram feitas para a escrita, não para a garganta. Palavra boa mesmo é palavra pronunciável — coisa que a própria "pronunciável" não é, com seu sabor de discurso.

E há palavras que, definitivamente, nada têm a ver com o que representam. Veja-se o caso de vaca — nenhuma relação entre aquele ser simpático e tranquilo, uma vaquinha pastando na sombra, e vaca, que soa apenas como um xingamento. Já boi, por esses mistérios sonoros da língua, é o exato retrato do bicho. Assim como elefante, ou, um caso extremo, rinoceronte, que parece mais um desenho que uma palavra, inteiro desengonçado (que é outra palavra perfeita). Olho mais uma vez pela janela, neste horizonte estranho, atrás de um bom assunto (uma palavra que sempre me soa vazia), e simplesmente confirmo o que já sei, a oitocentos quilômetros de Curitiba: não consigo escrever longe de casa.

[14/05/2013]

O quadragésimo ministério

Acordando esta semana com outra crise de imaginação, em busca de um bom assunto para a coluna e já em desespero de causa — com tanta coisa acontecendo no bairro, na cidade, no Paraná, no Brasil, no mundo, e até mesmo aqui em casa, e eu panaca comendo mosca —, tentei imaginar o que a presidenta Dilma faria numa situação destas: falta crônica de crônica. Ora, é fácil: criaria um novo ministério, o Ministério das Crônicas das Terças-Feiras.

Fascinado pela solução, imediatamente me tranquei no escritório, depois de pendurar na porta a devida placa, exigindo silêncio e direito à concentração: *Ministro das Crônicas das Terças-Feiras*. Coloquei minha fotografia sorridente ao lado, com a faixa verde-amarela no peito: CRONISTA. E me toquei a planejar o ministério, começando pela assessoria. Senti a volúpia nacional burocrático-organizadora. Agora vai! Eu precisaria dividir o ministério em vários centros temáticos, classificando-os por setores — crônicas políticas, crônicas sobre animais de estimação, crônicas literárias (com a subdivisão entre ficção e não ficção), e um puxadinho para os "achados poéticos", e mais as crônicas genéricas: as nostálgicas, as agressivas, as repetitivas, as sobre o trem-bala e as mal escritas.

Em pouco tempo percebi que a divisão iria longe, como o célebre mapa de Borges, que tinha o tamanho da Terra, e parei por aí. De qualquer forma, precisaria de um Coordenador-Geral, ou Chefe de Gabinete, que receberia as sugestões, escolheria as melhores e encaminharia ao Ministro, que sou eu.

E é claro que eu teria de contar com um setor atilado de Revisão de Crônicas, além de outro puxadinho, igualmente relevante, que daria o Parecer de Constitucionalidade, ou seja, a taxa de risco de eu ser processado por leitores, bancos, deputados, pastores, supermercados, vizinhos e companhias telefônicas. Mas eu precisaria também terceirizar alguns textos, pois cronistas viajam muito — a nomeação de um Vice-Cronista seria uma boa ideia, desde que ele se afinasse com, digamos, a filosofia das crônicas das terças-feiras (um subsetor da revisão de conteúdos daria conta disso).

E como quem não se comunica, se trumbica, imaginei uma assessoria de imprensa que, em entrevistas coletivas, explicaria em detalhes as Crônicas das Terças-Feiras. Além de dirimir dúvidas, fazer *recall* de concordância, regência e adequação lexical, a assessoria ressaltará as vantagens do texto, a economia ecológica de meios — nunca mais de 2.899 toques! (um setor de controle de digitação não seria má ideia) — e a importância da conversa fiada na vida do cidadão, uma função típica de Estado. Afinal, todos precisamos relaxar.

Mãos na nuca, sonhador, olho o teto do escritório, inebriado pelo sucesso do Ministério, a azáfama dos funcionários, o telefone incansável, até acordar e conferir o relógio: estou atrasado. Hoje vai essa mesmo.

[18/06/2013]

A vingança dos revizores

Ao longo da vida venho mantendo uma relação de amor e ódio pelos revisores de texto (atenção, revisão: o título é proposital!). Bem, o patrono dos revisores brasileiros é ninguém menos que Graciliano Ramos, para mim o maior prosador brasileiro do século XX, que trabalhou como revisor de jornal, nos tempos tipográficos em que essa profissão existia. Do anedotário que deixou, lembro o seu horror ao advérbio "outrossim", que ele riscava sem piedade, xingando-o com um palavrão, e à expressão "via de regra", que definia por uma palavra chula, designando o órgão sexual feminino. Por causa dele, ou em homenagem a ele, nunca mais usei "outrossim" e "via de regra" na minha longa vida de escrevinhador. Prefiro sempre "do mesmo modo", "igualmente", e em vez da "via de regra" eu tasco "normalmente", "em geral", etc. Não que sejam melhores ou mais corretas, nada disso — mas palavras são como pessoas; quando você pega raiva de alguma, você quer distância.

Como fui professor a vida inteira, fui também, sem querer, um revisor — entre outras anotações, era isso que eu também fazia ao corrigir redações: revisão de texto, trocando *esses* por *zês* e vice-versa. Mas a língua é bicho indócil, seja falada ou seja escrita, e o espectro de possibilidades é infinito. Começa da certeza absoluta — a ortografia, como grafar as palavras, uma área definida por lei — até uma grande zona mais cinzenta e esotérica, capaz de provocar discussões metafísicas, no bar e na escola, o que inclui colocação de pronomes (*ele me tinha dito x ele tinha me dito*), aspectos de concordância (*ouviu-se as vozes da rua* x *ouviram-se as vozes da rua*) e o gigantesco banhado da regência (*vou no cinema* x *vou ao cinema*. Ou, nesse mesmo texto, lá em cima, "lembro o horror", ou "lembro do horror"? E, falar nisso, "nesse texto" ou "neste"?). Conversando, ninguém nota nada; por escrito, o revisor é sempre um homicida sádico — *Arrrá!... Peguei no pulo!* — e a caneta vermelha jorra sangue no *A gente conversou bastante, e DECIDIMOS aprovar...* como assim? A gente decidimos?! Ah, mas tem um "nós" oculto no segundo verbo! E então? Não decidiram ainda!

E há um importante complicador suplementar: a literatura (romances, contos, poemas) tem outro estatuto de linguagem, e é aí que o autor — e a revisão — sofrem mais. Cada vez que recebo provas para revisão começo a desconsertar correções. (Atenção: é *desconsertar* mesmo!) Exemplo: a fantasia da distinção entre "esse" e "este", já sem correspondência real em nenhum lugar da língua (nem mesmo na escrita), mas que a revisão de cartilha insiste em marcar. Boa parte da literatura tem um ouvido coloquial, atento a aspectos da oralidade, que a gramática normativa desconhece. Mas jornal, é claro, não é literatura — é língua padrão (aliás, uma de suas fontes mais importantes). E aqui os revisores sempre me salvam, evitando terríveis vechames!

[02/07/2013]

A ciência do futuro

Como será o Brasil daqui a cem anos? Pensar, ao contrário do almoço, é grátis. Nessa função de Nostradamus de almanaque, comecemos pelo geral. Por exemplo: será o Brasil um país do Primeiro Mundo, renda *per capita* da Suíça e contraste social da Suécia? Índices de homicídios de uma Islândia, prêmios da ONU ao ensino fundamental, transporte urbano impecável, acesso universal às creches? Eleições regulares e um tantinho entediantes, com debates sobre se a Universidade Indígena da Amazônia deve ou não exportar os produtos medicinais de suas pesquisas de ponta ou se as bibliotecas das quatro penitenciárias federais podem receber mais verbas para livros digitais, como exigem os presidiários? Tópico acalorado de campanha eleitoral: como recuperar a indústria de fechaduras, à beira da bancarrota, e para onde relocar o contingente de funcionários da segurança privada, já sem função há alguns anos? E, enfim, o Congresso Nacional deveria manter o número de 120 deputados e 27 senadores ou deveria tornar-se unicameral? E os *royalties* do excedente de água do antigo polígono das secas devem ficar no Nordeste ou ser divididos entre todos?

Nem o mais delirante sonhador imagina que um dia chegaremos perto disso. Esta imagem utópica final talvez seja apenas a clássica formulação europeia de bem-estar para todos, transplantada para nós como um mundo irreal sem conflitos que pensa na fruta edênica a colher da árvore mas não na semente e na chatice da espera. As ideias podem criar condições para mudar o mundo, mas muito frequentemente são as condições que criam as ideias, e o Brasil está sempre indeciso entre um ovo maravilhoso e uma galinha indócil.

As forças do capital e do Estado estão tão entrelaçadas entre nós (aqui o Estado é de uso privativo), que o que nos redime é a miragem de um governo benevolente que, por sua organização científica, pelo tirocínio de seus dirigentes, pelo poder vertical da ciência política, pelo espírito positivo e inquebrantável honestidade, dará gratuitamente a cada cidadão aquilo a que ele tem direito. Este fortíssimo apelo estatizante não foi inventado pelo PT (nem pelo Lula, que inventou tudo, exceto algo novo) — é uma cultura que está na raiz da nação desde os tempos de colônia, inoculado na alma de cada brasileiro, e permeou toda a lógica do nosso desenvolvimento. Não há nada de "esquerda" nisso — é uma ideia que une o imperador Pedro II, que amava os escravos, Getúlio Vargas, o pai dos pobres, o ditador Ernesto Geisel e, digamos, Dilma Rousseff, a da eterna "bolsa Brasil". Na prática, o resultado é um elefante gigantesco, imóvel e voraz que, tomando a nação para si, só consegue realizar "diretrizes de Estado", numa prancheta fora de lugar. A tentativa de criar, numa canetada, dois anos de trabalhos forçados aos formandos de medicina é mais uma dessas soluções "científicas".

[23/07/2013]

Notícias de 2113

Um grupo de criminosos foi preso no porão de uma fazenda no norte do estado matando porcos para venda, prática proibida já há dezoito anos, desde que o país declarou-se território livre de assassinato animal. O argumento de André de Tal, 32 anos, de que o abate se fazia para consumo próprio, e portanto poderia contar com o apoio institucional à dependência carnívora, não foi acatado. Encontraram-se mais de trezentas embalagens plásticas padronizadas, setenta quilos de sal e máquinas de empacotamento a vácuo, o que, segundo o coronel Lopes, diretor regional da Polícia Vegetariana, comprova a inequívoca intenção de comercializar o produto, que ainda encontra usuários na população de mais idade. Se havia ainda alguma dúvida, explicou o coronel, descobriram-se numa casa próxima do local pacotes já embalados de lombo, pés e peles de porco, línguas e orelhas salgadas, indicação segura de que se destinavam ao velho ritual da "feijoada", já completamente banido por decreto da cultura brasileira. As informações não são seguras, mas há quem diga que meio quilo de rabo de porco atinge cifras inimagináveis no mercado negro da carne. A Vigilância Olfativa recebeu no último mês 22 denúncias anônimas de consumo carnívoro, disfarçado em apartamentos de alguns conjuntos degradados da capital do estado.

Seria isso evidência de que os padrões de civilização do país estão regredindo à barbárie? Não foi um caso isolado, frisa o deputado e agente cultural Humbertson do Carmio e Silva, presidente da Federação Vegane, que na última eleição elegeu um quinto dos senadores da República, propugnando o fim do consumo dos ovos de aves e a proibição definitiva dos derivados do leite animal, cujo consumo ainda resiste, embora limitado a maiores de 21 anos, em estabelecimentos registrados nas delegacias de controle. No estado de Tocantins, ele relembra, foram liberadas milhares de galinhas mantidas em cativeiro, numa espetacular operação da Polícia Animal, que resultou na morte de doze contrabandistas e de cinco galinhas perdidas no fogo cruzado. Num frigorífico camuflado como armazenamento de ervilhas de exportação, a Polícia encontrou meia tonelada de "frangos" — que são galinhas adolescentes —, congelados para venda. Comprovou-se que os animais foram criados em cativeiro especificamente com vistas a este cruel fim comercial, o que é um agravante inafiançável para o crime. Foi também descoberto um iPhone 148, geração 99, com listas atualizadas de intermediários e traficantes. O caso mais bárbaro foi a descoberta de vacas assassinadas com choque elétrico num pequeno sítio próximo de Curitiba, que se mantinha como empresa de fachada de produção orgânica de cenoura, escarola, tomate, vagem e chuchu de cerca. Graças a um informante infiltrado, foram presos em flagrante quatro elementos carnívoros. Um deles conseguiu fugir com vários quilos de carne fresca.

[08/01/2013]

O homem que não queria sonhar

Cansado de acordar todos os dias abarrotado de sonhos — encontrando um tesouro e sendo preso por isso, caindo de um precipício, bebendo de um copo que se dissolve na sua mão, sendo eleito representante de classe sob uma aclamação entusiástica dos colegas, todos vestindo máscaras de palhaço — ele decidiu procurar um médico que desse fim ao seu sofrimento: "Não quero mais sonhar, doutor. Por favor, libere as minhas noites desses filmes ruins e inacabados que sou obrigado a ver em 3D e com todos os efeitos reais que nem inventaram ainda. E quase sempre sou eu mesmo o ator principal."

O médico sorriu e, com seriedade profissional, explicou em detalhes o quão importantes são os sonhos. "O fato é que você só descansa, realmente, se sonhar. A ciência prova: se você for acordado cada vez que começar a sonhar, por mais que você durma, levantará da cama como se tivesse passado por um mês terrível de insônia. Você é *obrigado* a sonhar. É inescapável."

— Não é justo — ele contra-argumentou. — Gostaria de ter o direito de passar a noite em silêncio, sem a interferência de fantasmas, de duplos, de alçapões mentais. Eu queria ficar sozinho pelo menos durante o sono. Isso é grave? Há algum comprimido mata-sonhos?

— É melhor não recorrer ainda aos comprimidos — disse o médico, e recomendou-lhe que mudasse a dieta noturna e o horário de refeições. — À noite, evite pratos pantagruélicos, bebidas alcoólicas, costeladas, feijoadas. Experimente só um leitinho desnatado, quentinho, com bolacha, e vamos ver se faz diferença.

O homem voltou lá uma semana depois.

— É inútil, doutor. Está certo que os filmes — desculpe, os sonhos — ficaram mais suaves. Num deles eu cheguei a abraçar sorridente o primo Peçanha, que eu chamo secretamente de Peçonha, e no sonho éramos amigos de longa data. Ele nem se lembrava da garrafa que eu quebrei na cabeça dele, o que me deu um pouco de ansiedade e um certo sentimento de culpa ao acordar, como um sujeito de duas caras. Mas acordei aliviado, em paz. É o tal leitinho. Outros sonhos são apenas chatos, uma coisa meio *new age*, crianças correndo em câmera lenta, aquela música nauseante de elevador. Num deles tinha um pôr do sol com anjos tocando trombeta. Não dá mesmo para não sonhar nada? Ficar só com a dura, velha e boa realidade?

O médico tentou uma abordagem política:

— Mas veja: sem os sonhos coletivos, o que seria do mundo? Os sonhos movem a história!

A reação foi imediata — o homem recuou em pânico:

— Na Idade Média sonhavam com o paraíso, e queimavam gente para apressar o caminho. Sonhos coletivos, não, por favor, não! Lênin também sonhou com o paraíso, e poucos anos depois os russos tropeçavam em milhões de mortos. — Suspirou. — O senhor não tem nada, assim, digamos, mais simplesmente realista?

— Lamento — suspirou o médico. — A realidade anda em falta no mercado. Por enquanto, vá sonhando.

[19/03/2013]

Loucura e método

A tragédia ocorrida em São Paulo — o menino de 13 anos que teria matado o pai, a mãe, a avó e a tia-avó, e em seguida se suicidado é desses mistérios terríveis para os que vivem no conforto da "normalidade". Podemos levantar os fatos — quem fez o quê, quando e como —, o que depende apenas do tirocínio policial. Mas mesmo com o caso resolvido — supondo-se, o que parece provável pelas informações até aqui disponíveis, que de fato o menino matou a família e matou-se em seguida —, permanece o enigma filosófico, que, independentemente de formação ou cultura, afeta e provoca por igual o gari que passa pela rua, o coleguinha de aula ou o filósofo dando aula na universidade: como algo assim pode acontecer?

Entre as infinitas variáveis que entram em jogo, a mais relevante é a psiquiátrica: trata-se de um doente (como alguém "normal" faria isso?), e, portanto, inimputável, uma perspectiva revolucionária que nasceu da grande racionalização científica do século XIX. A busca dos motivos deixa de fazer sentido, porque a mão que aperta o gatilho obedece à doença, não à vontade. É difícil localizar exatamente a fronteira entre uma e outra. E em todos os momentos históricos pesa outra variável, de natureza, digamos, política: em determinadas circunstâncias, chacinas seriam perpetradas tão friamente como as dos psicopatas, mas por motivações ideológicas (laicas ou religiosas). O malabarismo moral envolvido em tragédias desse tipo encontra nos romances de Dostoiévski (como em *Os demônios* e *Crime e castigo*) uma refinada descrição. Todo "justiceiro", do traficante do bairro ao homem-bomba, sente-se cheio de razões para matar.

Mas e um menino de 13 anos? Mais: de uma família de classe média, estruturada, com pai e mãe empregados, frequentando escola? Dizem os jornais que o menino, filho de policiais, tinha uma coleção de armas de brinquedo em casa, mas isso apenas o coloca junto com milhões de crianças em situação semelhante que jamais matariam uma mosca. Influência dos filmes violentos na televisão? A Inglaterra é uma das maiores produtoras de séries e filmes policiais em que os mais pavorosos crimes são cometidos; ao mesmo tempo, tem um dos menores índices de homicídios do mundo. Bem, até o Príncipe Charles já foi censurado por não se desfazer de sua espingarda de caça, mas isso é outra história.

A boa literatura às vezes dá sugestões que a razão mais chã desconhece. No ótimo romance *Corrida selvagem*, de J. G. Ballard (Ed. José Olympio), um condomínio de luxo é inteiro chacinado, e as crianças desapareceram. Não quero estragar a leitura do eventual leitor; apenas relembro a observação do narrador, um psiquiatra, para quem a civilização havia suprimido o passado e o futuro, e as crianças viviam superprotegidas numa bolha de perpétuo presente e num universo moral sem consequências. Como sussurra o poeta, a loucura tem método.

[13/08/2013]

A química dos sentimentos

Toda terça-feira, assim que minhas mal traçadas linhas são publicadas na *Gazeta*, começa minha peregrinação mental em busca de um assunto decente para entreter o leitor dali a uma semana. Não é fácil. Diz o velho lugar-comum que a falta de assunto é o filé-mignon do cronista — é verdade, quando a crônica acerta o tom e consegue manter com algum estilo uma conversa fiada sobre coisa nenhuma, um malabarismo que, comigo, raramente acontece. Mas às vezes é o excesso de assuntos que atrapalha, coisas demais acontecendo ao mesmo tempo — minha cabeça dispersiva se perde neste mundo velho sem porteira.

A matança no Egito, por exemplo — a primavera árabe se transformando no velho inferno de sempre, e o sonho de democracia mais uma vez se esfarela. Mas de quem é o sonho? O desastre egípcio me lembrou a observação do ensaísta inglês John Gray, ao comentar o messianismo bélico-cristão da era Bush (*Al-Qaeda e o que significa ser moderno*, Record). Para Gray, a função da democracia, o seu único objetivo, é tão somente permanecer democracia; ela é apenas um sólido recipiente político de ideias contrárias que convivem e se transformam, e não um ideário autônomo destinado a suprimir diferenças. De qualquer forma, o seu conceito supõe, como ponto de partida, uma separação radical entre Igreja e Estado, e nada indica que a maioria do Oriente árabe, ou pelo menos parte substancial dele, esteja interessada nesta separação e nas suas consequências práticas.

E, falando em democracia, agora no Brasil, lembro deste estranho movimento dos *"black blocs"*, um nome chique que parece saído de um desenho animado para crianças, sobre ninjas com superpoderes. Na vida real, o movimento apenas destrói vidros, ônibus, agências bancárias, placas de trânsito e telefones públicos de verdade. O grupo não tem bandeira política alguma. Mas seus soldados são bons no que fazem: acabaram com as manifestações e os protestos sérios no Brasil com uma rapidez e uma eficácia de dar inveja à PM mais truculenta. Pensei numa maneira de defini-los, uma boa síntese, mas a única palavra mais precisa que me ocorre é também deselegante — idiotas. O que não é pouco. A inocência catártica, agindo sobre a incrível tolerância brasileira, acaba sempre por atiçar o amor às ditaduras, catecismo final de todo culto da violência.

Acordei pessimista. Mas o sentimento é química — de repente passa. E há notícias boas para relaxar, que a vida tem também sua metafísica miúda. A espetacular recuperação do Atlético Paranaense, por exemplo. E recebi uma notícia especialmente maravilhosa: vou ser avô! Jamais pensei que um dia eu seria avô — que coisa mais antiga! Dizem que os pais educam, os tios estragam e os avós corrompem, mas vou me esforçar para ser um bom avô. Semana que vem vou comprar um enxovalzinho atleticano para presentear meu neto.

[20/08/2013]

Juventude e fascismo

A velha repressão puritana — cultural e moral — que os pais exerceram sobre os filhos desde que o mundo é mundo para que as coisas continuassem razoavelmente nos eixos encontrou seu maior adversário — e talvez irreversível — na revolução dos anos 1960. Aconteceu muita coisa ao mesmo tempo, entre elas a pílula, o novo papel da mulher e a implosão da família nuclear tradicional. E a modernização econômica da sociedade ocidental, com seu concomitante enriquecimento, mais a metafísica da liberdade que dominou corações e mentes, criaram de fato um outro mundo. Ponha-se no caldeirão uma boa pitada de internet, que desenraizou ao limite as relações estabilizantes do antigo dia a dia, mais uma sociedade injusta, e, entre nós, de substância iletrada, e chegamos ao instante presente.

Difícil dar conta do mundo — indo à padaria comprar pão, prefiro pensar só nas redondezas, e, entre um mendigo dormindo na calçada e uma guardinha multando um carro, vejo a pichação na parede imensa: "Se eleição fosse bom seria proibida". O spray desenha as letras com volúpia no espaço vazio. "Abaixo os políticos", diz outra palavra de ordem. Na fila do pão francês, vejo a TV mostrando jovens com mantos cobrindo o rosto, semelhante a burcas, quebrando o que encontram pela frente. Em outra tomada, duas crianças de rosto coberto são usadas portando cartazes que, com certeza, não entendem. Uma jovem grita para as câmeras, apontando os soldados da PM: "Eles que começaram." É cinismo — o que me intriga é o grau de sinceridade do cinismo, se me perdoam o paradoxo. O movimento chamado de *black bloc* é classicamente um movimento fascista, mas é possível que boa parte de seus militantes nem saiba disso, no embalo da balada.

O horror ao que se chama de "política tradicional" (como se houvesse outra), mais a percepção difusa de um "sistema injusto" (o que os transforma em paladinos intocáveis da justiça), somando-se a carências emocionais, com atalhos violentos de impaciência, e algum quadro teórico e um bom guru para dar uma sombra intelectual ao movimento (Slavoj Žižek está na moda) — e temos uma milícia em ação. Quando as milícias encontram uma sociedade fragilizada (corrupção, inflação, miséria) e triunfam, destruindo sua capacidade de sobrevivência, o primeiro efeito da "nova ordem" é colocar a lei na ilegalidade, e surge um justiceiro que assumirá o poder para nos redimir — Lênin, Stálin, Hitler —, heróis que, sobre uma montanha de cadáveres, dedicam-se a destruir a nação, em defesa de sua "purificação".

O jovem fascismo brasileiro que sai encapuzado às ruas certamente não chegará a isso, mas já surtiu um efeito notável, que foi silenciar a inteligência dos protestos políticos, substituindo-os pelos novos donos da rua, todos rosnando de molotov na mão, na esperança de que um dia sejam eles a expressão do Estado.

[10/09/2013]

Biografias monitoradas

O que parecia apenas um mal-entendido da lei menor diante da Constituição sobre os limites da liberdade de expressão, no caso das biografias, tornou-se aqui um tsunami jurídico, cultural, político e até moral. O Brasil letrado se pergunta se elas devem ser liberadas. O fato de o país, hoje, só permitir biografias chapas-brancas, com autorização expressa do biografado ou seus descendentes, diz muito sobre o espírito de "concessão da liberdade" que nos marca. O direito à informação corre no Brasil um risco permanente e real. Este direito básico seria uma das únicas áreas da vida brasileira que não dependeriam de intermediários, jeitinhos, dízimos, amizades. E é espantoso que até o mais inteligente dos litigantes — entre gênios da cultura popular brasileira, como Chico e Caetano — sacará o detalhe da exceção para justificar a fechadura geral, como se todos embarcássemos no mesmo avião, em que o canivete no bolso de um único passageiro justifica a censura prévia de milhões de outros. A ideia de que as pessoas devem ser livres e universalmente responsáveis por si mesmas parece insuportável à nossa cultura. É preciso, sempre, controlá-las previamente.

O horror à liberdade das biografias se concentrou em torno de grandes artistas da mídia, um detalhe sintomático de um país que chegou antes à televisão do que ao livro, este objeto desconhecido e perigoso, talvez capaz de enriquecer criminosos por estelionato biográfico. Porque os artistas de palco — tendo uma vida escancaradamente pública desde o primeiro recital infantil, da qual jamais reclamaram — fazem de si mesmos a produção controlada de um espetáculo. Oculta-se o que de fato são: parte inseparável da vida social, cultural e histórica do país, com a qual interagem numa permanente alimentação de via dupla. E as biografias são um gênero fundamental da historiografia em todo o mundo desde que a escrita mudou o patamar da civilização. Elas incluem a complexa rede de significados sociais que dão sentido aos personagens de destaque em todas as áreas, multiplicando e relativizando os instrumentos de compreensão histórica. Mas, entre nós, são entendidas pelos artistas apenas como um outro show, um cedê, uma performance monitorada. Confunde-se a própria vida, quando submetida a um olhar biográfico de fora, com um produto de consumo, com preço e design cuidadosamente planejados. Assim, um único olhar é permitido, para o qual se pagaria ingresso ao artista, como num espetáculo. O preço desta visão tacanha e mesquinha é alto — somos talvez o único país do mundo civilizado em que é preciso pedir licença para biografar presenças centrais da vida pública. E isso quando contamos com biógrafos de grande talento e competência, que enriquecem substancialmente nosso olhar sobre a história.

Mas faz sentido: a história brasileira nunca foi um objeto dócil de estudo — fiel à sua origem, vivendo nas sombras, está sempre diligentemente ocupada em ocultar a si mesma.

[22/10/2013]

Prisões suecas

Li recentemente que a Suécia fechou quatro presídios, por falta de presos. É a tal coisa: falta de planejamento. Fizeram um monte de cadeias, na pressa de resolver o momento presente, e não pensaram no futuro. Agora estão lá, gastando manutenção com prisão vazia. Ficam imaginando o que devem fazer com as penitenciárias inúteis — talvez transformá-las em centros culturais, museus, ou transferir para alguma repartição pública necessitada de espaço.

Como livre pensar é só pensar — dizia Millôr —, matutei se não seria uma boa ideia o Brasil arrendar as cadeias suecas. À primeira vista, parece uma solução maravilhosa para nós e para eles. O Brasil resolveria imediatamente a desgraça da superlotação carcerária, este filme de horror que passa todos os dias e noites nas prisões, complexos penitenciários e delegacias brasileiras. Seria um alívio para todo mundo, e a polícia, em vez de cuidar de preso miúdo, poderia enfim se dedicar a resolver a pilha interminável de homicídios sem solução. E para a Suécia, a importação de presos brasileiros — de maneira oficial, organizada, e não apenas com os fujões esporádicos, de colarinho branco, que aparecem na Europa — daria um destino digno aos prédios ociosos, ajudando a resolver os problemas penais do Terceiro Mundo, num exemplo de solidariedade global.

Não é só isso. Que preso vai reclamar de uma cadeia sueca? Eu já vi muito filme policial nórdico — sempre que aparece um preso, e lá provavelmente há mais presos nos filmes do que na vida real, dá para perceber que a coisa é fina, celas com bom acabamento, refeições balanceadas, corredores impecáveis. Além disso, o banho de sol, nos cinco meses em que há sol na Suécia, é respeitado. Isso para ninguém reclamar — já que o Brasil só consegue tratar seus presos pobres como gado, exportá-los para a Suécia seria uma solução digna. Tortura em cadeia, na Escandinávia, nem pensar, o que acalmaria as comissões de direitos humanos.

Será que haveria uma reação nacionalista no Congresso? Tipo "A Prisãobras é nossa!" Acho que não. A maior alegria de brasileiro, mesmo entre os que vivem soltos, é conseguir um passaporte estrangeiro e uma dupla nacionalidade. "Arre, consegui!" — dizem todos, mostrando o livrinho. E os presos já poderiam viajar integrados num programa de assimilação cultural — os europeus são muito sensíveis nesta área.

Para tranquilidade de todos, as prisões suecas já são naturalmente de segurança máxima. É difícil imaginar o pessoal cavando túnel e reaparecendo lá no Ártico como se fosse um quintal de borracharia. A comunicação clandestina com o exterior também não seria tão simples — até pelo preço dos interurbanos para o Brasil. E depois ninguém precisa saber de nada. "Fulano foi fazer um curso na Suécia", diriam os parentes, com um toque de orgulho.

Não sei se daria certo. É só uma ideia.

[17/12/2013]

O sofrimento dos sessentões

Dia desses, divagando, cheguei à conclusão de que minha geração é a mais sofredora que existe. Não é uma questão genérica, do tipo "pessoas de tal idade" são assim ou assado. É geração histórica mesmo, aquele povo que nasceu especificamente no final dos anos 1940 e no começo dos anos 1950. Esses, acreditem, estão sofrendo mais que os sessentões de outros tempos.

Explico. Começa porque foi uma geração que teve uma infância dura e sofrida. O Brasil estava saindo do mato e entrando nas cidades, tudo era difícil, os pais eram autoritários e intolerantes, a Igreja assustava bem mais do que hoje, o sexo era o portal do Inferno e o professor tratava o aluno a pão, água e reguada. Todo mundo mandava nas crianças sessentonas, e mandava no grito. Escreveu não leu, o pau comeu.

Reprimidos e revoltados, os sessentões adolescentes fizeram a revolução sexual, de que não entendiam nada, e quem aproveitou mesmo a festa foram seus filhos. Quando se tornaram pais, os sessentões não tiveram o gosto de mandar; educaram os filhos nos sonhos igualitários de um mundo utópico e sem conflitos. Como resultado, os filhos passaram a mandar nos pais, exatamente como estes eram mandados antes.

Até aí, tudo bem; os sessentões já estavam adestrados para a obediência. Mas a vida não é só família. No mundo tecnológico, por exemplo, também os sessentões sofrem mais do que os outros. Quando chegou a internet, os sessentões já eram quarentões cansados e não aprenderam nada, a cabeça com saudade da velha roça, em que tudo era tranquilo e na tramela, enquanto a gurizada passava o dia jogando videogame e entrava de cabeça no admirável mundo novo que engoliu o velho. E engoliu os velhos. Os sessentões, que nunca viram um autorama quando crianças, hoje não sabem que graça tem o Facebook ou o iPad e acham um pé no saco as senhas do banco, que vivem esquecendo.

E tem mais, talvez o pior: os sessentões sofrem muito no terreno ideológico, em todos os espectros. A direita, por exemplo. Os sessentões de direita de hoje lembram-se com lágrimas nos olhos da ditadura militar. Aquilo, sim, punha ordem no galinheiro! E mais: mulher era mulher, homem era homem, e o resto não se pronunciava. Igreja era coisa de respeito. Hoje é essa esculhambação! E, também com lágrimas nos olhos, o sessentão de esquerda tinha a convicção inabalável de que ser de esquerda era um bênção, uma bússola moral; o Estado nos defenderia, o petróleo era nosso e como era feliz meu Banco do Brasil! Quando um esquerdista era preso, fazia-se um silêncio respeitoso — esquerdista preso era herói. Assaltava-se o cofre do Ademar* para fazer a revolução. Hoje assalta-se a bolsa da viúva para garantir privilégios. Com a vista cansada — "Você é quem mesmo?" —, uns se misturam aos outros.

Sessentão sofre. Mas que seja com bom humor: aos meus dezessete leitores, os votos de Boas Festas deste cronista sessentão.

[24/12/2013]

---

* Ademar de Barros (1901-1969), interventor federal, depois governador do estado de São Paulo, além de prefeito da capital paulista, entre as décadas de 1940 e 1960. O cronista se refere ao episódio em que um cofre contendo quantia milionária em dólares foi assaltado pelo grupo guerrilheiro VAR-Palmares na casa de uma suposta ex-amante do político paulista.

A reunião do ano

Muitas coisas notáveis aconteceram em 2013, mas vou escolher uma inocente reunião para comentar neste final de ano. Trata-se do encontro da presidente Dilma com os ex-presidentes vivos — Collor, Sarney, FHC e Lula — a bordo do Aerolula, na viagem à África do Sul em homenagem a Mandela. O que eles falaram lá no alto? Foi um ambiente cordial? Houve discussões? Ou, emburrados, ninguém conversou com ninguém? Não sei. É difícil imaginar cinco presidentes que passaram e passam a vida trocando impropérios, xingamentos, processos, CPIs, dossiês e até *impeachment* súbito se vejam sorridentes em torno de uma mesinha presidencial num intervalo de férias, bebendo uma cachaça e trocando amenidades, enquanto jogam rodadas de pôquer, o Collor na banca. Imagino FHC puxando assunto:

— Pô, Dilma! O Collor e o Sarney estão em poltronas de primeira classe, enquanto eu ganhei um lugar do meio na classe turística, sem janelinha. Sacanagem.

— Foi sorteio! Foi sorteio! — apressa-se Lula, acendendo o charuto. — Collor, eu pedi duas cartas. Você só me deu uma.

— Comigo não tem malfeito! — diz a Dilma. — O sorteio foi honesto. Se eu souber de alguma coisa errada, jogo para fora do avião.

O presidente Sarney, sempre gentil, sugere à Dilma:

— Presidenta, por que você não cria um novo plano econômico? Aí esse povo para de lembrar o Plano Real. Eu fiz o Plano Cruzado e o Brasil inteiro foi fiscal do Sarney! E ainda levei grátis um ano a mais na presidência.

— Grande coisa — resmunga a Dilma, pondo duzentas fichas na mesa. — Eu vou ganhar mais quatro só com a Bolsa Família. Não quero carta nenhuma. Tenho um *royal straight flush* na mão. Quero ver vocês me baterem.

— É blefe — resmunga FHC.

— Eu sempre pago pra ver — diz Sarney. — Aposto na Dilma, no Collor, no Lula e no FHC. E no Eduardo Campos, no Aécio e na Marina. E duzentas fichas no Curinga.

— E dizer que eu perdi meu governo por causa de um maldito Fiat Elba — lamenta-se Collor, dobrando a aposta. — Os duzentos da Dilma, mais quatrocentos. Perto do povo do mensalão, o coitado do PC Farias foi café-pequeno. Saudades da casa da Dinda!

— Quem manda ser tatu — diz a Dilma. — Por que não fez faxina? O povão é chegado em vassoura.

— Bem, o meu pessoal tá todo preso — e Lula dá uma baforada. — Culpa da elite! Eu cubro os quatrocentos do Collor. Não vejo a hora do mensalão mineiro. E cadê os que compraram a reeleição do FHC?

— Até parece que vocês não gostam de reeleição — resmunga FHC, conferindo disfarçadamente um par de setes. — Eu tô fora.

— O quê?! O Collor subiu para quatrocentos? Vou tabelar as apostas — irrita-se a Dilma. — Aposta, agora, só com financiamento público!

— Apertem os cintos que o Aerolula é nosso! — vibra Lula.

Não sei se foi assim; se algum Snowden da Abin não vazar a gravação, ninguém saberá. Enquanto isso, este escriba deseja um ótimo 2014 a seus amáveis leitores.

[31/12/2013]

O assassinato da poesia

Um amigo me mandou o recorte com a notícia bizarra: um professor russo matou a facadas um colega por este defender a tese de que a "única literatura verdadeira é a prosa". Parece que estavam bêbados, o que torna a coisa mais verossímil. O amor dos russos pela literatura é desses paradoxos históricos inexplicáveis — de meados do século XIX às primeiras décadas do século XX, o país foi um dos centros fundamentais da literatura moderna, ao mesmo tempo que se mantinha um dos mais atrasados do mundo, uma autocracia cega reinando sobre uma imensidão de pobreza medieval. Mas São Petersburgo e Moscou eram centros literários extraordinários, em que se moviam monstros como Dostoiévski, Turgueniev, Tolstói e Tchekov. A partir da década de 1930, o terror stalinista destruiu a inteligência do país onde quer que ela levantasse a cabeça — Mikhail Bulgákov (1891-1940) talvez tenha sido o último grande gênio da prosa russa, mas sua obra-prima *O mestre e Margarida* foi publicada apenas décadas depois de sua morte. E o célebre autor de *Lolita*, Vladimir Nabokov, só sobreviveu de fato ao se tornar um escritor americano.

Os russos leem muito e têm a poesia em altíssima conta — recitais de poesia com uma multidão de ouvintes eram eventos comuns na Rússia. Assim, a discussão de dois russos bêbados em torno do valor da prosa e da poesia começa a soar como uma cena realista. Basta ler algumas páginas de Dostoiévski para entrar no clima — seus personagens estão permanentemente no limite das questões transcendentais da vida, numa tensão mortal de pontos de vista contrastantes.

É verdade que ninguém precisa matar por isso, mas a distinção entre prosa e poesia fascinou este modesto cronista nos seus tempos de universidade a partir de um outro russo, o filósofo Mikhail Bakhtin (1895-1975). Em um de seus textos, Bakhtin sugere que a voz do poema é sempre a voz do poeta; o poeta se confunde completamente com o verso que canta. E a voz do prosador é sempre a voz de uma outra pessoa; o prosador, covardemente, esconde-se na linguagem dos outros.

Fiquei tão apaixonado pela ideia que escrevi uma dissertação acadêmica a respeito, tentando convencer o mundo desta verdade cristalina. Mas ninguém concordou: meu trabalho dava a impressão de que os poetas são uns egocêntricos autocentrados e os prosadores uns caras legais que ouvem os outros. Parecia que eu estava falando em causa própria, já que nunca escrevi um verso que prestasse. Pior: os poetas seriam "autoritários" enquanto os prosadores posariam de "democráticos". Num tempo como o nosso, nada pode soar pior. Bem, não quero dar uma de oportunista, mas a notícia de jornal parece comprovar empiricamente a minha tese: o poeta, ao ouvir aquela besteirada do prosador, simplesmente puxou da faca, fez justiça com as próprias mãos e foi beber mais um trago. Ainda bem que sou brasileiro, ou não estaria mais aqui.

[18/02/2014]

Conversa de avião

Sempre que viajo, o meu lado curitibano assume o comando e eu não quero falar com ninguém. Viagens aproximam pessoas aleatoriamente, e é grande a chance de se passar horas ao lado de um chato (ou de eu mesmo me tornar o chato incontornável, porque todos nós, sem exceção, somos potencialmente chatos, tudo depende do ponto de vista). Assim, afundo-me na leitura, o que é matar dois coelhos de um golpe só. Nunca leio tanto como quando viajo. Quando viajo, não preciso trocar a lâmpada da sala, ir ao supermercado, ler e-mail, assistir noticiário ou atender telefone.

Aliás, essa parece a regra em viagens de avião (e não de "aeronave", como ouço cada vez mais, como se fôssemos todos funcionários da empresa) — as pessoas em geral ficam cada uma sossegada no seu canto. Bem, não é preciso ser descortês — "bom dia" e "com licença" não fazem mal a ninguém. Às vezes a gentileza avança a um comentário sobre o tempo — o curinga universal da falta de assunto: vai chover, em Curitiba o frio é mais úmido, ano passado não teve inverno. Numa sequência inocente dessas me aconteceu de eu receber uma pergunta à queima-roupa:

— O senhor trabalha com quê?

É a pergunta que eu mais temo. Nunca sei a resposta certa. Fiquei ajeitando o cinto de segurança como quem procura descobrir detalhadamente que defeito impedia a fivela de fechar. Eu costumava dizer "professor", o que resolvia bem o problema. Tinha várias vantagens — primeiro, era verdade; segundo, atraía imediatamente a simpatia do ouvinte, entremeada de uma discreta consternação (coitado, é pobre, mas o importante é a nobreza do ofício), ao mesmo tempo que em geral desestimulava novas perguntas. Sim, há o risco de a questão se desdobrar — professor onde, de que área, mas pelo meu treino a conversa prosseguia no automático, em ritmo de cruzeiro.

Só que agora não sou mais professor. Poderia mentir e dizer que sou — o problema, então, seria mais logístico do que moral, porque pode vir a inquirição detalhadora. Quem indaga o que você faz na vida não conhece limites; pessimista, imagino as armadilhas, as pegadinhas, e eu caindo em contradição e me revelando enfim apenas um impostor rastaquera. Se eu ainda inventasse atuar na área financeira, ou ser empresário no campo da informática de ponta ou um diretor-presidente de uma clínica de rejuvenescimento, alguma coisa qualquer de impacto retórico-monetário — mas não; sem ter para onde fugir, tartamudeando uma falsa posição, preso pela cintura, fechado num tubo a dez mil metros de altitude, teria de enfim confessar que não faço nada na vida além de escrever.

O homem aguardava minha resposta, enquanto eu simulava aquele problema com o cinto de segurança, mas felizmente surgiu um novo passageiro entre nós, e eu tive de me levantar para lhe dar passagem, o alto-falante anunciou alguma coisa e a vida prosseguiu, agora em silêncio.

[19/10/2010]

Overdose

Estou quase no fim da minha pesquisa, cobaia de mim mesmo, mergulhado 24 horas por dia num trabalho de consequências profundas no organismo: a imersão total na Copa do Mundo. É um estudo que tomou todos os cuidados científicos para isolar o experimento e evitar interferência nos resultados. Nenhum outro compromisso foi assumido no período de inoculação da substância futebolística. Até aqui, todas as partidas foram assistidas, e todas as mesas-redondas foram vistas, zapeadas e reprisadas, todos os dias, até a exaustão e o sono brevemente reparador, interrompido ao amanhecer com o caderno de esportes, as notícias fresquinhas que já nascem velhas, a repercussão municipal, estadual, federal e mundial do dia anterior. O sistema de organização do tempo foi readaptado ao padrão Fifa, de modo a preservar a ferro e fogo as 13 e as 17 horas dos dias de jogo, que são os únicos momentos em que a vida proporciona realmente Algo Novo (AN). Telefone e interfone não são atendidos. Os resultados são acompanhados em duas tabelas de papel (cadê minha caneta?!), no celular, na tabuleta digital e no álbum de figurinhas, e conferidos no jornal.

E quais serão os efeitos desta imersão total na droga, durante bíblicos quarenta dias e quarenta noites?

É cedo para avaliar — os resultados ainda estão sendo tabulados. Mas já descobri, nos breves momentos de lucidez entre uma partida e outra, que há várias fases. A primeira é a Grande Euforia Lúdico-Escapista (Gele), a fase classificatória. O dependente tem diante de si o que ele considera um grande estoque de droga à disposição, três ou mais partidas por dia, sem interrupção, durante duas semanas. Tudo é novidade; direto no coração, o futebol leva a uma euforia globalizante que liberta o usuário do tédio existencial; um clima carnavalesco invade a alma e promete o paraíso na Terra. Inteiramente preso na teia da substância letal, e cada vez mais estimulado pela cerveja que acompanha o jogo, que funciona como um Viagra Emocional, o usuário passa à segunda fase, a Ansiedade Eliminatória, que ataca em duas frentes do cérebro — numa delas, há o Medo da Derrota Canarinha, que, cada vez mais, é percebida como uma derrota pessoal; e noutra frente, ocorre a consciência em lapsos de que o estoque da droga está chegando ao fim. Concomitante ao MDC, acontece a terrível SAJ, Síndrome de Abstinência de Jogos, uma vez que a droga rareia, os jogos ficam mais violentos, um amargor ressentido se espraia nos corações e mentes, Deus entra em jogo, acusações explodem, jogadores são retirados de campo em macas e legiões de viciados se movem sem destino nas ruas como zumbis à espera de um próximo embate que poderá ser o Fim do Mundo.

A terceira fase virá a partir de hoje. Estou em plena experiência, sem condições de adiantar nada. O monitoramento cardíaco, entretanto, já está indicando uma importante alteração irracional. Oremos.

[08/07/2014]

Carnaval e futebol

Uma das essências do carnaval é a inversão dos papéis sociais: o rei se veste de mendigo, o mendigo de rei; quebram-se as hierarquias do mundo e, durante um curto período de festa, o mundo é remodelado à imagem das fantasias e sonhos. Na Idade Média, um período milenar de opressões que criou sua contraparte carnavalesca, essa inversão tinha uma função momentaneamente demolidora — o carnaval era o avesso paródico da missa, dos rituais sagrados e seculares, dos poderes terrenos e da certeza da morte. A substância do carnaval antigo é a rua e seu movimento espontâneo, que hoje se perdeu quase inteiramente na oficialização, na organização de Estado, no controle cuidadoso do tempo, da imagem e dos desfiles. A ação simbólica passa a ser mais uma representação formal de superfície que um impulso transgressor carregado de emoção.

Pois o futebol — e especialmente em eventos monumentais como a Copa do Mundo — guarda uma semelhança profunda com o carnaval e com tudo que ele põe em xeque. Talvez esteja substituindo-o como autêntica festa coletiva, e em escala mundial. A atração pelo futebol tem sempre duas direções. O Estado vê nele um útil "ópio do povo", e quer manipulá-lo em defesa de seus interesses. O futebol, na visão do poder, transforma-se numa concessão do governo, num presente para o povo, e, quando bem-sucedido, numa autopropaganda de grande alcance. Já a Fifa administra o caldeirão bilionário dos jogos simulando que se trata apenas de uma inocente diversão esportiva a ser levada com fair-play.

Mas há a força contrária: para o povo, o futebol é a afirmação de si mesmo, e não do poder do Estado — na verdade, quase sempre é a Nação que se afirma contra o poder do Estado. Um bom exemplo é o Irã. Para os aiatolás que passaram a dominar o país desde 1979, o futebol era um esporte perigoso que deveria ser duramente reprimido. Mulheres foram banidas dos estádios — e até mesmo proibidas de assistir jogos pela TV. Não deu outra: o futebol passou a ser a ponta de lança de uma revolução cultural, e a contragosto o governo se viu obrigado a ceder, primeiro liberando as mulheres para assistir os jogos pela televisão, e enfim permitindo sua presença nos estádios. Para um iraniano, a dura resistência contra a Argentina num jogo em que lhe garfaram um pênalti tem um sentido que vai muito além do jogo em si. Gana empatar com a Alemanha e a Costa Rica bater na Itália são inversões poderosas da "ordem do mundo". Para países como Bósnia, Sérvia ou Croácia, recriados na implosão sangrenta da Iugoslávia, o futebol é uma afirmação da autoestima e a marca da diferença, com pesadas implicações políticas. E no Brasil? Bem, entre nós a força carnavalesca do futebol escancara-se todo dia.

Isso posto, tiro minha máscara fajuta de antropólogo de boteco, abro uma cerveja e vou ver Itália e Uruguai, que tem tudo para ser um jogão.

[24/06/2014]

Jogador ou escritor?

Uma das muitas perguntas idiotas e indagações de boteco que me vi fazendo durante minha trágica imersão total na Copa do Mundo foi esta: é melhor ser escritor ou jogador de futebol? Perguntar e coçar é só começar. As coisas mais sem pé nem cabeça tomam um ar racional e, deixadas ao acaso, logo se transformam em teses de doutorado com voto de louvor. Sem chegar a tanto, no limite da minha ressaca futebolística e crônica carência de imaginação, vou tentar desdobrar essa dúvida transcendental.

Comecemos pragmaticamente: jogador de futebol ganha mais que escritor, em qualquer caso, mesmo perdendo de 7 a 1 ou batalhando na série C, desde que tenha uma carteira assinada pelo cartola do time. Escritor, como tal, não ganha nada de ninguém; nunca é confiável ou previsível e todas as equipes o evitam. É o tipo do sujeito fominha, que quer fazer gol sozinho e levar a bola para casa. Por isso mesmo, de fato, o escritor é alguém que escolhe trabalhar de graça, e ainda assim, no início, nenhum editor, ou cartola literário, quer saber dele. O que já deveria ser motivo para internação, mas, por força do mesmo pensamento mágico que protegia os loucos na Idade Média, a sociedade atual prevê encontros de proteção ao escritor, quando ele é convidado a explicar-se diante de uma plateia rala. O que ele faz, verdade seja dita, com bastante dificuldade.

Um jovem jogador é sempre valioso; já aos 18 ou 19 anos ele é tratado como rei. Mas um escritor jovem é uma figura chata, irrelevante, depressiva, que produz pouco e mal, e vive no mundo da lua — e sua única coroa é o rei na barriga. Entretanto, à medida que rola o tempo, o escritor passa a ser valorizado — aos 30, 40 anos, basta um gol bonito, digo, um bom livro, para ele começar a ser percebido com olhos otimistas. Com o jogador, ocorre o contrário. Depois dos 35, quando passa a receber homenagens, sua carreira está no fim. Se não fez seu pé-de-meia, sua vida vai recomeçar do zero. Outra diferença é que o bom jogador estreia jogando e acaba comentarista de futebol na TV; já o bom escritor começa como comentarista de livros em mesas de bar e acaba escrevendo.

Quanto à popularidade, nem se comparam. Jogadores ruins levam num estalo de dedos 30 mil espectadores ao estádio num domingo, a pelo menos cinquenta paus por cabeça. Já os melhores escritores mal juntam 3 mil leitores, ao longo de anos, que pagam reles trinta pilas o exemplar e ainda resmungam que está caro. Mesmo os Messis das letras, com Final de Copa, digo, com Prêmio Nobel nas costas, jamais enchem uma arena. E as vantagens do jogador de futebol vão além. Quando acaba a vida nos gramados, ele pode se tornar escritor; já um escritor que decida encerrar a carreira, nunca virará um jogador. Quarenta e cinco anos atrás, alguém me disse que eu até teria futuro como lateral-direito, mas não levei a sério. Agora é tarde.

[15/07/2014]

Esteira Sherazade

Pretendia começar minha crônica em alto estilo, citando Dante — *"Nel mezzo del cammin..."* — mas me ocorreu que, passando dos 60, nem mesmo um otimista delirante como eu se encaixaria na frase. Botando os pés no chão, fui ao médico, que, entre cápsulas e conselhos, sugeriu uma ginástica. Nada trágico — acho que ele ficou impressionado com a minha súbita expressão de terror diante da ideia e dourou a pílula: "Caminhadas, alongamentos. Você vai se sentir bem."

Sou uma pessoa sugestionável, e me lembrei que, anos atrás, cheguei a comprar uma esteira, que hoje cumpre a função de cabide, de confessionário e de remédio para a memória: cada vez que olho para a esteira sinto-me culpado, lembro meus crimes e esboço um projeto de retomada de vida saudável. O problema é a sensação de perda de tempo, uma síndrome que trago da infância e da educação repressiva — bastam dez minutos sem fazer nada "útil" e acho que meu dia se perdeu. Sei perfeitamente o quanto esta obsessão é idiota, mas não consigo vencê-la. Vivo soterrado por esta metafísica utilitária, como se eu fosse gerente de uma fábrica alemã de produção de parafusos e não um escritor desempregado, cerveja à mão, feliz com os jogos do Atlético. No melhor estilo da "neurociência" de almanaque, que faz pesquisas sofisticadas para provar qualquer coisa que nos livre da responsabilidade pessoal ("a culpa não é minha, é do gene"; "não fui eu; foi o lado esquerdo do cérebro"; "diante do último pastel, eu só agi como um guepardo em situação semelhante"), busco motivos incontestáveis para não me mover.

Bem, nada como buscar bons exemplos na vida. O vizinho Christian Schwartz é *hors concours*, porque joga futebol toda semana (e até poderia ser o camisa 9 que o Atlético precisa manter no banco para uma emergência); ele não conta. Mas vendo meu outro vizinho, Caetano Galindo, todos os dias, levar o cachorro para passear enquanto lê *Finnegans Wake* no Kindle, isso nestas calçadas caroçudas que destroem o tornozelo do cristão, por que não posso fazer o mesmo na esteira? Ler e andar! *Shazam!*

Tirei os objetos há anos apoiados na máquina encostada — uma mochila velha, o álbum do brasileirão de 2006 e duas pilhas de revistas —, regulei a velocidade para 4,2 km/h, escolhi um livro (*Rei branco e rainha vermelha*, de Daniel Johnson, um saboroso relato da relação entre a Guerra Fria e o jogo de xadrez), apertei o botão e comecei a desbravar o tempo em passadas regulares como um Dr. Livingstone das nuvens. É incrível, mas funciona! Fui virando as páginas: criado por budistas, o xadrez chegou à Pérsia e dominou o Islã; bem mais adiante, o jogo é a coqueluche de São Petersburgo e passa a ser um esporte "russo". Quando Lênin ganhou um tabuleiro de presente eu já havia andado mais de meia hora! Maravilha. Suado e feliz, continuo a leitura amanhã. Uma boa razão para caminhar: terminar o livro!

[24/09/2013]

Dante

"Como todos os seus contemporâneos eruditos, Dante aprendeu que a Terra é um globo imóvel no centro do universo." Leio essa frase lapidar sobre a vaidade da ciência numa maravilhosa biografia de Dante Alighieri que valeu minhas férias (*Dante*, de Barbara Reynolds, Editora Record). Em torno de 1300, no coração do que hoje se chama baixa Idade Média, ciência, religião e política se uniam na explicação totalizante do mundo inteiro; astronomia e cosmogonia se confundiam no mesmo quadro, porque todas as coisas do mundo precisavam obrigatoriamente ter sentido. Já na vida real os pequenos Estados, que herdaram o que sobrara do império romano, continuavam a se matar em guerras sem fim. O próprio Dante morreu no exílio — expulso de Florença, jamais conseguiu voltar para sua cidade.

Neste trepidante epicentro histórico, Dante escreveu a *Commedia* — só anos mais tarde, Giovanni Boccaccio (1313-1375), o primeiro biógrafo do poeta, colocou o apelido "Divina" à obra. Setecentos anos depois, a astronomia de Ptolomeu restou apenas como uma curiosidade da ciência; mas a *Divina Comédia* continua a intrigar e a encantar seus leitores — alguns a consideram a obra que de fato criou a literatura ocidental como a conhecemos hoje.

O curioso é que a vitalidade deste poema narrativo e sua invencível resistência ao tempo é consequência de tudo que ele tem de imediato, local e contemporâneo: a *Divina Comédia* é em grande parte um panfleto político, moral e religioso sobre o dia a dia de Dante. Nele, não há nenhum personagem que não seja uma figura conhecida, apresentada com seu próprio nome. Na viagem literária que Dante faz a Inferno, Purgatório e Paraíso, conduzido primeiro pelas mãos do poeta romano Virgílio, e em seguida pela sua etérea musa Beatriz, figuras mitológicas, históricas e contemporâneas ao poeta se misturam concretas no mesmo painel simétrico que dá sentido a tudo. Ao mesmo tempo que ele apresenta a sua teoria política — por exemplo, defendendo que o poder do Papa teria de se separar do poder terreno, que ficaria na mão de um imperador respeitado por todos os Estados (esta última, uma questão que, digamos, a União Europeia ainda está tentando resolver...) —, o poeta vinga-se de todos os seus poderosos inimigos, colocando-os a penar nos vários círculos do Inferno, enquanto exalta seus amigos e benfeitores, beatificados com a luz do Paraíso. Esses detalhes davam uma tensão especial à leitura pública da obra, num tempo em que a circulação da literatura era predominantemente oral.

E Dante escreveu sua *Commedia* na língua de Florença, e não em latim, que era o veículo tradicional da elevação poética. Ao escolher a linguagem popular (ante o nariz torcido dos intelectuais da época), Dante colocou a pá de cal no latim como a única língua de cultura, e abriu o caminho sem volta da disseminação romanesca que marcaria o Ocidente.

[07/02/2012]

Millôr

Os escritores, com certa pose, costumam citar os clássicos quando se referem às suas influências. Em geral, nas entrevistas, aprendemos a escrever com Balzac, com Flaubert, com Machado de Assis, e a fazer poemas com Eliot, Valéry, Drummond. Mas na verdade as influências mais intensas são as que ultrapassam os gêneros formais, as que nos tocam no modo de olhar para o mundo e criar um repertório de referências culturais. Pais nos influenciam; amigos da vida inteira criam referências; ambientes duradouros deixam marcas; as profissões nos fazem, às vezes insidiosamente; uma rede invisível de contatos informais, da rua à escola, vai desenhando nossa cabeça.

Pois uma influência marcante na minha visão de mundo, no meu modo de responder a ele e no meu humor ou no estado de espírito, alguém que mostrou com agudeza desconcertante onde focar a câmera quando se olha em torno, este princípio fundamental da observação, foi Millôr Fernandes, que morreu semana passada aos 88 anos. Passei a vida lendo Millôr, onde quer que esbarrasse com ele. Diante de um texto e uma imagem sua, sempre me senti imediatamente próximo — tudo que ele criava me tocava.

Como milhares e milhares de brasileiros letrados, acompanhei Millôr desde criança no *Pif-Paf*, mais tarde no célebre *Pasquim*, dali durante décadas nas páginas da *Veja*, e finalmente no seu sítio na internet. Tudo que ele escreveu e desenhou, das deliciosas "conpozissões imfâtis" às fábulas fabulosas, me interessava, uma pura fruição. Aquela inesgotável cosmogonia de frases, cores e traços que eu absorvi durante mais de quarenta anos, a implacável verruma política a qualquer um que estivesse no poder, seus lirismos inesperados, o prazer da imagem e da cor dando forma a surpreendentes delicadezas verbais, o poder esmagador do riso foram com certeza deixando marcas culturais nítidas no meu olhar. Nada muito especificamente literário, no sentido convencional da palavra; é engraçado, mas nenhum gênero será mais avesso à arte de Millôr do que a simples ideia de um romance (já o teatro foi um espaço privilegiado de sua criação verbal, das traduções dos clássicos, no que ele foi mestre, às suas próprias peças). Assim, não se trata de uma influência tipicamente "literária"; é simples (*simples?*, perguntaria o Millôr) jeito de ver e pensar o mundo, dia a dia, no seu duro e indecifrável fragmento cotidiano; uma defesa da inteligência contra o imprevisível, que é a substância do tempo. O seu riso jamais era grosseiro — era uma arma finíssima de desmontagem do mundo, um desvelamento permanente de aparências. Como domínio da forma, o seu texto, o seu traço e a sua cor naquela página irresistível instituem uma persona única e representam por si sós uma educação do olhar.

Millôr Fernandes foi uma síntese extraordinária do que existiu de melhor na alma e na cultura brasileiras nos últimos setenta anos.

[03/04/2012]

Começos e fins

Há muitos anos, li um texto de Millôr Fernandes em que ele propunha "fins sem piada". Isto é, ele apresentava o fim, e caberia ao leitor imaginar uma piada que lhe desse sentido. Por exemplo — e isso invento agora, porque minha memória RAM se esfarelou —, Manuel vira-se para o amigo e diz: "Até aqui eu entendi; mas o que faço com o baú do Joaquim?" Ou então: "Eu aceito o acordo, disse o papagaio ao velhinho. Mas agora quem abre a porta é você." Nas mãos de Millôr, é claro, a ideia tinha graça. Mais humildemente, pensei num banco de inícios de romances, esses pacotes completos de trezentas páginas com começo, meio e fim. O leitor aqui precisaria apenas prosseguir. É mais ou menos assim que eu escrevo romances — começa com uma ou duas frases, que vou tocando adiante.

Eis um exemplo: "A vida de Madame Leclerc era um arco-íris de felicidade. Nada, nunca, conseguia abalar seu exuberante bom humor, exceto nos raros momentos em que errava a dessalga do bacalhau, quando então todo o seu bem-cuidado mundo entrava numa perigosa rota de desequilíbrio. A primeira vez em que isso aconteceu — aqueles fiapos grudentos de peixe lembrando fibras de algodão — rendeu-lhe um divórcio, após um constrangedor Boletim de Ocorrência; na segunda, um homicídio mal explicado por afogamento, quando a terceira nora correu atrás de água, após a primeira garfada."

Não, o exemplo não está bom; conta demais já no primeiro parágrafo. É um começo que praticamente dispensa o que vem depois. É preciso apenas jogar um pouco de alpiste para o leitor arisco, somente atiçar seu apetite, o que não é simples; fazê-lo passar ao segundo parágrafo é tarefa ingrata, muito difícil. A internet sabe disso — observem como as notícias de portais quase nunca têm segundo parágrafo. Terminado o primeiro, já lançam um gancho colorido para o pardal digital ciscar em outra página, e dali adiante, num jogo sem fim.

Vai outra tentativa de segurar o leitor de cara:

"A menina ergueu-se com dificuldade na pontinha dos pés roliços e alcançou o frasco de arsênico na terceira prateleira do laboratório, escondendo-o na bolsinha com orelhas de Mickey.

— Quero ver agora alguém me chamar de gorda."

O início e o provável fim deste começo são meio óbvios, reconheço (ela vai envenenar o bandejão do internato? Ela vai se matar?), mas isso, bem dosado, distrai e funciona. O importante é nunca esgotar totalmente o potencial da primeira frase, o que seria o enterro da história. Sabendo disso, alguns escritores só escrevem miolos, por assim dizer — nem começo, nem fim; apenas o osso que importa. O que dá mais trabalho ainda, a lapidação do diamante.

Melhor eu pensar apenas na crônica que tenho diante de mim: um breve começo apenas, e eu sigo em frente, com a honesta simplicidade do trabalhador braçal. Por exemplo: Há muitos anos, li um texto de Millôr Fernandes em que ele propunha "fins sem piada".

[20/05/2014]

Gabriel García Márquez

Li *Cem anos de solidão* em 1971, no Rio de Janeiro, então aluno da Escola de Formação de Oficiais da Marinha Mercante, nos poucos meses em que lá fiquei até pedir desligamento e dar outro rumo à minha vida. Em semanas alternadas, tinha de dar serviço da meia-noite às quatro, o que significava passar a madrugada circulando nos corredores dos "camarotes" dos alunos, como se chamavam os alojamentos. Para mim, eram serões de leitura, à luz da escrivaninha, abandonando o posto, sob a tolerância de alguns vigilantes e ameaças de denúncia de outros. Neste clima de *A cidade e os cães*, o primeiro romance de Vargas Llosa, justamente sobre um internato militar, que eu li *Cem anos de solidão*. Foi uma leitura tão forte e impressionante que ia muito além da literatura. Naquele momento, não era apenas um romance original; era uma espécie de Bíblia da cultura política e poética latino-americana. Seu lançamento, no final dos anos 1960, representou um dos raros momentos em que havia no mundo uma ativa "esquerda poética" — em que um projeto político parecia conter necessariamente um ideário estético. Muito da irresistível atração que a obra-prima de García Márquez exerceu no mundo se deve ao seu inseparável subentendido político, no exato momento em que os ideais racionalizantes do Ocidente iluminista, vistos como disfarce de sua alma cruel capitalista, explodiam todos.

É uma combinação perigosa; na vida real, sempre que a estética invade o mundo político, o resultado é trágico, como nos desfiles militares do poder triunfante, ou nos fuzilamentos tocados a poesia. Um suave irracionalismo varria as almas; o chamado "realismo mágico" parecia ser a resposta a um tempo estética, política e existencial a uma realidade insuportável, o eterno martírio latino-americano. Neste panorama, caudilhos — como os Buendía de *Cem anos de solidão* — podem ser figuras míticas e redentoras; é a realidade que é fantástica, não a ficção, como diria o próprio García Márquez, fiel amigo de Fidel Castro, o símbolo maior da revolução daqueles tempos. Hoje, ironicamente, Fidel vive o mesmo "outono do patriarca" espelhado no melancólico romance que Márquez escreveu em resposta justamente a Pinochet, seu arqui-inimigo.

Mas a essência literária de Gabriel García Márquez nunca foi, de fato, política — foi trágica. Ele herdou do escritor americano William Faulkner, de quem recebeu importante influência formal, a vertente bíblica, do Velho Testamento, da inexorabilidade do Destino, vinculando-o às tragédias pessoais ou à condenação eterna de linhagens e estirpes — no seu universo, o mundo é sempre maior que as pessoas. Literariamente, sua *Crônica de uma morte anunciada*, uma novela perfeita, é a obra-prima que sintetiza sua visão de mundo, no plano do indivíduo; e *Cem anos de solidão*, sua Cosmogonia poética, a mais densa e multifacetada representação ficcional da tragédia da América Latina.

[22/04/2014]

Encontros imaginários

Nas minhas andanças de camelô literário tenho conhecido pessoalmente alguns escritores, sob o álibi das mesas-redondas de feiras do livro e eventos culturais. É um contato que prezo muito, especialmente por ter passado a vida longe do eixo Rio-São Paulo. Tanto pior se somos curitibanos, com a maldita fama de distantes e arredios. Nos meus anos de formação, esmagado pela estranha timidez deste, digamos, extrovertido que vos fala, sempre me faltou a necessária cara de pau para tomar a iniciativa de bater na porta dos colegas com um livro na mão. Lembro de um momento de epifania que me marcou para sempre. Em 1989, com o romance *Juliano Pavollini* recém-lançado, me enchi de coragem, saí de casa e andei as quatro quadras que ainda hoje me separam da célebre esquina da Ubaldino onde vive o Vampiro de Curitiba. Queria entregar um exemplar autografado a Dalton Trevisan, com quem, por acaso, conversei apenas três ou quatro vezes na vida, nunca além de dois minutos por encontro. A casa, como sempre, estava mais que fechada, lacrada — uma janela emparedada, outras cerradas com venezianas e cortinas, e diante da velha grade do portão a breve varanda tinha um ar igualmente abandonado, folhas secas no chão. O céu era cinza. Sem campainha visível, bati palmas, uma, duas, três vezes. Silêncio.

Pensei em arremessar pelo vão da grade o envelope com a minha oferta, deixando-o no chão diante da porta. De madrugada, certamente ela se abriria com um rangido enferrujado e um braço magro recolheria rapidamente o objeto. Súbito, o sentimento epifânico: com um calor de vergonha queimando o rosto, me perguntei: Afinal, o que eu estou fazendo aqui, ridículo, com esse livro na mão? Sem olhar para trás, voltei para casa, e minha decisão tornou-se uma espécie de norte, que, oculto no último estrato da alma, é uma marca da cidade: deixar os outros em paz, e, sem ser convidado, nunca aporrinhar ninguém.

É incrível, mas, em pessoa, escritores são apenas pessoas, se me permitem a tautologia. A eventual convivência se dá menos por avaliações estéticas e mais por simpatia e afinidades de temperamento, como acontece com todo mundo. Conversam mais pela escolha da cerveja que pela paixão por Musil. Assim, linha a linha, mantemos com os escritores que admiramos muito mais conversas imaginárias do que reais — narradores, os que de fato falam no texto, não ocupam lugar no espaço. São seres misteriosamente imateriais.

Lembrei dessa anedota pessoal ao sentir que gostaria de ter conhecido João Ubaldo Ribeiro. Jamais o encontrei, mas, lendo sua obra, tenho a impressão recorrente de que havia trocado com ele conversas imaginárias, discutido o Brasil, a literatura e a vida. Seu *Viva o povo brasileiro* é o último grande romance brasileiro do século XX, fechando um ciclo em que a nossa literatura queria conversar com o país e ainda lutava por entendê-lo.

[22/07/2014]

O mundo replicado

Provavelmente meu netinho nos primeiros meses de vida já foi mais fotografado do que todos os seus antepassados até o final dos anos 1990. Está em curso um processo frenético de duplicação do mundo. Em cada canto da Terra, a todo instante, alguém fotografa, filma, grava. O desejo de replicar o mundo não é exatamente uma coisa nova — começou nas cavernas, aquelas figuras rabiscadas na pedra, homens e animais congelados em ação. E desde o primeiro anônimo que deu a ideia, não paramos mais de tentar copiar coisas e pessoas. Hoje vendem-se telefones não pelo que falam, mas pelo que gravam, filmam, fotografam. Por que esse impulso? Não sei. Talvez o desejo instintivo de paralisar o tempo; ou, antes, de sair dele para contemplá-lo a distância. É o medo da morte, ou, dizendo de modo mais delicado, da ausência, que nos levaria a fixar pessoas e coisas em duplos incompletos, que já envelhecem no exato instante em que surgem.

    Como as coisas e pessoas são todas incopiáveis, na verdade vamos criando falsos duplos em intuições estéticas; todo senso de beleza é um desejo de imitação e o seu concomitante fracasso. Num de seus contos, Borges imagina um mapa que, no desespero da fidelidade, replica fisicamente o objeto, como se a reprodução de Curitiba fosse outra Curitiba idêntica erguida num planalto vazio. "Até hoje veem-se as ruínas destes mapas no deserto", encerra ele — se bem lembro das palavras lidas trinta anos atrás, replicando agora outro tempo que vivi.

    Recuperar o tempo é trabalho que por milhares de anos manteve-se no recorte do instante; já a replicação do tempo em movimento é uma conquista recente, desde as traquitanas primitivas do século XIX até o 3D de hoje. O mesmo século XIX criou o daguerreótipo, reproduzindo pessoas como esfinges paralisadas pelo demorado tempo de exposição. Mas e a voz? Um artigo da revista *The New Yorker* de 19 de maio ("Uma voz do passado", de Alec Wilkinson) conta descobertas sensacionais nesta área, que já tem nome — "arqueofonia". O físico americano Carl Haber teve a ideia de escanear os sulcos dos velhos e hoje impraticáveis cilindros de cera de Thomas Edison, com as primeiras gravações da voz humana, digitalizar os resultados e reviver, por computação, os sons gravados. O mais incrível foi a recuperação dos registros de um certo Édouard-Léon Scott de Martinville, um parisiense que deixou folhas de papel com "gravações" de voz — linhas marcadas sobre fuligem (lembrando a imagem de um eletrocardiograma de hoje). A ideia experimental dele não era reproduzir a voz, mas apenas criar um "desenho" do som que fosse capaz de ser fielmente "lido". Pois foi, mais de 150 anos depois: Haber conseguiu digitalizar a sequência de linhas e, hoje, podemos ouvir novamente uma fantasmagórica versão de "Clair de Lune", o som gravado mais antigo que se conhece. O resto é silêncio.

[29/07/2014]

Os chatos e os clássicos

Há pouco tempo acompanhei de longe uma discussão sobre se os clássicos são chatos ou não; uma professora americana fez uma lista de obras clássicas, classificando-as pelo grau de "chatice", o que é realmente muita falta de assunto. "Chatice" não é categoria literária, e obras literárias não são iguarias instantâneas. Clássicos são documentos sensíveis de um tempo; sua compreensão sempre depende minimamente de referências históricas e culturais. Pois por falar em clássicos, desembarquei da depressão dos 7 a 1 lendo um romance que já há dois anos me espicaçava da estante: *Um conto de duas cidades*, de Charles Dickens, uma bela edição da Estação Liberdade, com tradução de Débora Landsberg. Dickens (1812-1870) foi um dos mais populares escritores do seu tempo, autor de *Oliver Twist*, *David Copperfield* e a obra-prima cujo título — *Grandes esperanças* — é por si só uma síntese do século XIX. O leitor que hoje adora a novela das nove e se delicia com a trama do *Império* pode encontrar nos clássicos de Dickens a vitalidade da matriz dos folhetins. Um mundo de coincidências extraordinárias, vilões terríveis em meio a almas maravilhosas do bem, histórias impossíveis de amor e, sempre, "grandes esperanças". Tudo isso está nos clássicos de 150 anos atrás. O tempo se encarregou de depurá-los, diluindo a água com açúcar e nos legando, pela ficção, o espírito duradouro de um tempo e de uma cultura.

Um conto de duas cidades, publicado em capítulos em 1859, com estrondoso sucesso, é um folhetim que se passa na época da Revolução Francesa (as duas cidades são Londres e

Paris). Ao mesmo tempo que desenvolve as clássicas fórmulas folhetinescas (uma filha que enfim descobre seu pai, prisioneiro da Bastilha enfim liberada, e que se casará, sem saber, com — não, melhor não estragar o prazer do leitor interessado...), o romance apresenta um olhar agudo sobre a Revolução Francesa, contrastando a terrível guilhotina dos franceses ao moderado reformismo inglês. "Aquele foi o melhor dos tempos, foi o pior dos tempos, foi a idade da razão, a idade da insensatez", dizem as primeiras linhas do livro. E frisa o narrador: "A época — o ano de Nosso Senhor de 1775 — era tão parecida com o presente." O leitor, hoje, poderia dizer o mesmo. A denúncia que o livro faz da época do Terror, que prenunciou o relativismo moral, o totalitarismo, a fusão do judiciário com o executivo e as revoluções violentas do século XX, é atualíssima e cristalina.

Curiosamente, o autor que, em obras de alto impacto emocional e enorme influência em sua época, mais denunciou o trabalho infantil escravo durante a Revolução Industrial faz de um banqueiro, o simpático Jarvis Lorry, uma figura correta e pitoresca — "Aos negócios! Aos negócios!", dizia ele, enquanto salvava o prisioneiro da Bastilha. Afinal, para um inglês, negócios eram também expressão da liberdade.

[05/08/2014]

Futebol, xadrez e literatura

Muito se disse sobre o mistério de um país do futebol, como o Brasil, não produzir obras de ficção tendo o jogo como tema. Mas, bem postas as coisas, descobre-se que o futebol tem sido, sim, objeto literário entre nós. Na produção recente, bastaria citar os ótimos romances *O drible*, de Sérgio Rodrigues, e *O segundo tempo*, de Michel Laub, e a antologia de contos *Entre as quatro linhas*, com mais de uma dezena de escritores da nova geração — com os quais este velho senhor que vos fala pegou uma carona legal. E, garimpando, certamente se encontram muito mais exemplos.

O futebol, tudo bem. E o xadrez? — perguntaria um criador de caso. Este esporte maravilhoso que até Machado de Assis praticava (ele chegou a publicar problemas de xadrez nos jornais) não mereceria boas referências na literatura? Bem, há mesmo dúvidas se o xadrez seria, exatamente, um esporte — e repito aqui a célebre provocação de João Saldanha: se xadrez fosse esporte, festa de São Jorge sairia na página de turfe. E, afinal, as olimpíadas de xadrez nunca se misturaram com as olimpíadas propriamente ditas.

Mas, se o nobre esporte bretão nos deu Pelé, o xadrez nos deu Henrique Mecking, ou Mequinho, o que não é pouca coisa — foi o que o Brasil produziu de mais próximo de um campeão mundial na chamada "arte de Caíssa". Em plena Guerra Fria, nos anos 1970, o mirrado Mequinho, que via a si mesmo como um solitário cruzado do Ocidente cristão, quase botou a correr os poderosos "ateus soviéticos", então donos mundiais do esporte, e que trabalhavam em equipe — mas parou duas vezes no terceiro lugar. É verdade que sem perder por 7 a 1 — eram competições extenuantes em que se ganhava por uma cabeça. E o xadrez chegou à literatura brasileira: *Variante Gotemburgo*, de Esdras do Nascimento, publicado em 1977, é um romance-tese no melhor espírito teórico do tempo — o xadrez seria o espelho para "recriar a vida mediante a utilização de palavras articuladas num sistema".

Na literatura mundial, lembro de *A torre ferida por um raio*, de Fernando Arrabal, e de *A defesa Lujin*, uma obra-prima de Nabokov.

O engraçado é que a literatura tem sido cruel com os enxadristas, talvez por vingança mesquinha dos escritores, eternos patos no tabuleiro. Contrariando a lenda, segundo a qual o xadrez seria o esporte da inteligência, para os escritores ele é apenas fábrica de loucos — todos acabam esquizofrênicos na pura abstração do jogo, em que o gol, como diria Parreira, fazendo um breve paralelo, é apenas o detalhe. O que acabo de confirmar na saborosa novela *Xadrez*, de Stefan Zweig. Não dá outra — a bordo de um transatlântico, um assombroso campeão mundial, mas de inteligência limitada em qualquer outra atividade, enfrenta um maluco que, mantido preso e incomunicável pela Gestapo, aprendera xadrez de cabeça. Sem dúvida, a literatura é um esporte eletrizante.

[12/08/2014]

Sombras do século XX

Acabo de ler um livro extraordinário — *O homem que amava os cachorros,* do cubano Leonardo Padura, que é ótima literatura e um *thriller* fascinante. Seguindo uma densa fidelidade aos fatos, reconta a história de Ramón Mercader, o militante que cumpriu a tarefa de assassinar Leon Trótski, o "renegado comunista" refugiado no México no final dos anos 1930, depois de sofrer uma encarniçada e sofisticada perseguição da máquina de terror de Joseph Stálin. Do ponto de vista literário, o romance é uma equilibrada composição de pontos de vista que em nenhum momento derrapa no esquematismo político, ou, o que seria pior, no proselitismo — é obra de um escritor que concentra na tensão complexa das relações humanas o foco do seu texto. E, não por acaso, até publicar esta narrativa histórica que se tornou com toda justiça um sucesso internacional, Padura era conhecido como autor de livros policiais. Digo não por acaso porque, afinal, a história do assassinato de Trótski é substancialmente uma intrincada história policial que se lê, página a página, como se já não soubéssemos do fim.

Ao lado do atormentado painel político do tempo, colocando em cena a Guerra Civil Espanhola, o avanço do nazifascismo e os assassinatos de Stálin nos expurgos alucinados que consolidaram seu poder absoluto, o romance mergulha na cabeça de Ramón Mercader, desvelando o processo de formação de um fanático. Não uma bucha de canhão qualquer, mas um "diamante lapidado", como o catalão Ramón. Enquanto os homicidas de Stálin, à cabeça do serviço secreto, se sucediam no comando das deportações em massa e assassinatos políticos aos milhares — primeiro Guenrikh Yagoda, depois Nikolai Yezhov e enfim Lavrenti Béria —, azeitava-se a fantástica máquina de doutrinação política comunista que, no mundo inteiro, com inacreditável sucesso, domesticou a seu serviço desde rebatedores ideológicos, como Luís Carlos Prestes, no Brasil, até filósofos de ponta, como Jean-Paul Sartre, na França. Sobre este fundo, o romance avança também pelos sutis meandros freudianos que se deixam entrever na alma do personagem central em sua relação com a mãe, a revolucionária Caridad Mercader, que a propaganda transformou na "passionária catalã". Em outro fio da meada, assumindo o papel do belga Jacques Mornard, Mercader "apaixona-se" pela militante Sylvia Ageloff, de modo a ter acesso a Trótski. E a ponte cubana que recupera a história esquecida (Mercader morreu em Havana, em 1978) está presente na figura contemporânea do personagem narrador.

Como toda boa obra de ficção, *O homem que amava os cachorros* põe à prova hipóteses de existência, agora sob o fascínio da realidade inverossímil que se tenta decifrar, nas sombras nunca suficientemente iluminadas dos horrores do século XX. O próprio Padura, o livro revela, é habitante e testemunha dessas sombras renitentes.

[19/08/2014]

O Estado e o cidadão

De volta ao Brasil, senti o impacto de uma viagem às avessas, um mergulho para trás. Primeiro, me disseram que haveria por aqui uma nova marcha da família com Deus conclamando pela volta da ditadura. Comecei a rir, até perceber que falavam sério. Depois, li declarações de um ex-torturador. Ele explicava, com frieza de psicopata, como fazia desaparecer as pessoas de modo que não deixassem vestígio ao serem lançadas nos rios. Bem, homicidas sádicos e estripadores são figuras que desgraçadamente existem na vida real. Basta acompanhar o noticiário e vemos pais que jogam filhos pela janela, adolescentes que estupram e matam, senhores que guardam cabeças no freezer — o horror da condição humana não conhece limites. Para nos defender destas situações-limite existe o Estado, que, num processo civilizatório de séculos, assimilou enfim o conceito do monopólio da força — só ele tem o poder de polícia, e, em tese, luta por garantir a integridade de seus cidadãos, quem quer que sejam.

O espantoso da notícia, entretanto, é que o torturador agia em nome do Estado; recebia proventos para o seu trabalho, obedecia a uma cadeia legal de comando e estava perfeitamente protegido pelas instituições no poder. Não foi um maluco solitário, um fanático qualquer, que sequestrou Rubens Paiva — e escolho apenas simbolicamente um entre muitos —, matou-o e deu um fim ao seu corpo. Foi um funcionário do Estado, a seu serviço. Assim como o consequente apagamento da memória do fato e de seus detalhes foi, e vem sendo, uma ação burocrática de Estado — no caso, a recusa do Exército de abrir seus arquivos, provavelmente sob a angústia de uma dupla vergonha, a de ocultar a História, de resto pública, ou suportar, também publicamente, sua revelação.

Não vou discutir aqui as variáveis políticas do caso ou a lei da anistia, que permite interpretações complexas e respeitáveis. Nem relembrar diferentes momentos históricos, como se o horror do passado justificasse o do presente, numa cultura em que nada sai do lugar. O passo que agora me interessa é apenas o da linha que separa a civilização da barbárie: a consciência do papel do Estado e do lugar do cidadão, uma distinção elementar que parte substancial de um Brasil embrutecido tem sido incapaz de aceitar. O retrato do atraso está exatamente aí. Comparar o monumental poder do Estado — a gigantesca máquina do governo, controlando Exército, Marinha e Aeronáutica, mais todas as polícias do país — com a ação de meia dúzia de guerrilheiros, ou idealistas, ou terroristas, ou delinquentes, ou idiotas, ou lunáticos (o leitor faz sua escolha), além de vítimas avulsas, como Herzog ou Rubens Paiva, presos e assassinados, como se se tratasse de uma "guerra" — e em que espécie de guerra é preciso desmembrar os mortos e fazê-los desaparecer nos rios? —, é torturar mais uma vez a inteligência do cidadão.

[01/04/2014]

O brasileiro

Quando estava na China em espaços públicos, sentia uma curiosa semelhança de comportamento entre o chinês e o brasileiro — o gestual, a fala alta, o riso fácil, a impressão de intimidade —, assim como, no Japão, percebia exatamente o oposto. Mas que coisa é o "brasileiro"? Não há tarefa mais insana do que tentar definir o habitante de um país novinho como o nosso, de meros quinhentos anos. Não é simples apreender uma síntese cultural capaz de dar conta de disparidades tão gritantes. O que haverá em comum entre o pedreiro da reforma e o dono do banco, o evangélico, o judeu e o seminarista, o piauiense e o gaúcho, o negro, o mulato, o cafuzo, o índio, o alemão mestiço, o português da padaria, o coreano importado, o seringueiro e o motorista, o nissei, o manauara e o açoriano de Florianópolis e, dentre todos esses, a versão feminina ou gay de cada caso (para ser menos gramaticalmente sexista), e mais os que andam de helicóptero, as atletas e os batedores de carteira? Enfim, paro por aqui porque a lista, absurda, é potencialmente infinita e o leitor sabe de que disparidade estou falando — é só olhar em torno.

Pois bem, o que são esses caras, os "brasileiros"? Isto é, que critério tenho para defini-los como "brasileiros", sem considerar a simples definição jurídica constante no RG? Existe mesmo algo em comum ou o conceito é apenas uma fantasia política e uma "construção social", para repetir o jargão? Não sei. Pensadores do Brasil se debruçaram sobre a questão, mas a resposta sempre soa incompleta, ainda que cada ponto de vista dê conta de algum aspecto importante da "brasilidade". Gilberto Freyre encontrou na nossa miscigenação, que tem características únicas no mundo, uma chave para definir o brasileiro. Sérgio Buarque de Holanda, em *Raízes do Brasil*, criou o conceito de "homem cordial", alguém que só se sente seguro com o tapinha afetivo e familiar nas costas porque é incapaz de compreender a neutra abstração da vida em sociedade. Nossa autoimagem é ciclotímica: ou somos um povo generoso, abençoado por Deus, ou uma horda ameaçadora de malandros. Somos hospitaleiros e gentis, e botamos fogo em mendigos. Matamo-nos de trabalhar de sol a sol e mamamos em todas as tetas do Estado. De um lado, temos grandes amigos do peito, e, de outro, sentimos um desprezo secreto pela identidade ameaçadora (brasileiro é "corrupto", "invasivo", "ignorante"...). Talvez seja a língua o único ponto em comum? Por exemplo: apesar de certo imaginário coletivo de um Brasil "europeu", não há movimentos linguísticos separatistas no país (de tal modo que Policarpos Quaresmas no Senado chegaram a propor uma ridícula reforma ortográfica "fonética"). Para quem escreve, a língua é certamente o que nos define, mas para quem fala, quase nunca. Há algo de perigoso nos brasileiros? Afinal, eles existem? Ou somos todos chineses disfarçados?

Não sei.

[30/09/2014]

Mundo rural, mundo urbano, e o Brasil no meio

Quando criança, lembro da carroça passando em casa para deixar lenha; agora, seis décadas depois, todo dia toca a campainha e alguém oferece gás. A pequena mudança da energia que move o fogão caseiro simboliza o acelerado processo de transformação do Brasil. Do pacato país rural que abria os anos 1950, nos transformamos num país predominantemente urbano, que vive e produz inchado em grandes centros. O intenso e violento processo de urbanização brasileiro explica muito dos problemas do país. Mas a distinção entre o campo e a cidade não é apenas um detalhe geográfico ou um simples movimento de populações criando problemas logísticos ou de infraestrutura (embora esses problemas sejam igualmente gritantes). Há um mundo de valores culturais que se transformam nessa passagem, quase sempre radicalmente.

A cidade grande é um espaço abstrato, uma criação geométrica, que nos arranca de todos os laços mentais de natureza e vizinhança; a comunidade urbana é antes mental que física. Os compartimentos culturais e sociais estanques acabam por se tornar imperativos. Ao mesmo tempo, a grande cidade é atavicamente a confluência do mundo; seu sonho é sair de si mesma e conversar com suas iguais, que estão em outros países, e não a dez quilômetros dali. A cidade é sempre globalizante; ela parece afirmar, com alguma arrogância, o triunfo do homem sobre a natureza, enquanto o campo é naturalmente conservador, como alguém que se submete, pela simples proximidade física, pela vizinhança avassaladora e pelo império do tempo, às regras simples, recorrentes, imutáveis e inexoráveis das estações do ano, das chuvas e secas.

Se a vida camponesa clássica é hoje inviável, porque nos condena para sempre à escravidão da pura sobrevivência, ela conserva uma aura de "pureza". Não sobrevive mais como meio de produção, mas mantém-se como um lastro cultural.

Metaforicamente, o Brasil vive com um pé no campo e outro na cidade, o que se reflete na literatura, que sempre espelha imagens sutis da nação. Amadurecemos mantendo uma divisão marcante entre esses dois mundos, a um tempo geográficos e ideológicos. José de Alencar (1829-1877) fez do exotismo brasileiro a chave da nacionalidade (do "nacionalismo", diríamos hoje), de acordo com o ideário de poder do longo período de D. Pedro II: seus romances eram mapas geográfico-mentais que nos definiam brasileiros (numa imagem, aliás, em que o negro ainda estava ausente, embora fosse visto em toda parte). Já o mulato Machado de Assis (1839-1908), criador da literatura mais refinada das Américas do seu tempo, jamais gastou duas linhas para descrever a natureza, o exótico, o peculiar — todo o seu universo é puramente urbano e mental. Nessas duas vertentes, encontramos duas imagens culturais do Brasil, que se entrecruzam numa tensão que permanece vivíssima entre nós.

[28/10/2014]

O cronista se despede

Lembro de uma cena do escritor austríaco Thomas Bernhard (no romance *O sobrinho de Wittgenstein*), em que o personagem — sempre o próprio autor — saía de um lugar por não aguentá-lo mais, e em poucas horas, no novo local, já ansiava por voltar ao lugar de onde tinha vindo, ou ir para um outro qualquer, porque parecia haver uma incompatibilidade radical e permanente entre ele e o chão que pisava, qualquer que fosse. Sua vida era um ir e vir desesperado, na esperança vã de alguma paz em algum espaço, mesmo sabendo, por princípio, que isso era uma tarefa impossível.

Sem viver nem de longe tal espírito da tragédia, exceto como hipótese literária, sinto coisa semelhante em minha ronda nos hotéis, vítima que sou da vida de escritor errante. Chegar numa cidade desconhecida — Votuporanga, em São Paulo, por exemplo, ou Souzhou, na China — e avançar para um hotel desconhecido é algo que perdeu para mim o estimulante espírito juvenil de aventura e de novidade, que durante décadas me levou para a frente. Havia sempre a sensação de que alguma coisa realmente nova iria acontecer, e quando tudo se revela, enfim, igual a tudo, conforme já disseram as Escrituras todas, despontava outra viagem, outro hotel e outra paisagem, de modo a reabastecer o entusiasmo fugaz. Emocionalmente primário, nunca deixei o peso óbvio da experiência vivida condicionar o momento seguinte, embora este sempre acabasse por confirmar aquilo de que secretamente eu desconfiava.

Assim, o desejo de novidade foi insidiosamente se transformando no seu contrário, a busca do igual de sempre, o sonho de uma réplica paranoica do meu próprio aquário, onde eu me sentisse, hoje, confortável como ontem, mas também esta procura tem sido inútil. Nem mesmo a luz de cabeceira — se alguma vez algum hotel tiver a ideia de uma luz de cabeceira minimamente funcional, ou pelo botão acessível, ou pela luz razoável — será encontrada. E uma boa tomada! Meu reino por uma tomada!

Mudando de assunto — não sei bem por que juntei um antigo projeto de crônica com este adeus ao leitor —, estou me despedindo agora da minha vida de cronista. Foi muito bom enquanto durou, mas sinto que é hora de, enfim, me concentrar apenas nos prazeres da ficção, a de leitor e a de escritor. Foram 335 semanas contadinhas de convivência na página 3, que a *Gazeta* temerariamente cedeu a este escriba. Está de bom tamanho — uma boa experiência, essa de escrever em voz alta. Meu mérito, se houve algum, foi jamais extrapolar a faixa entre 2.800 e 2.900 toques digitados, título incluído, uma tarefa de revisão, acréscimos e cortes que me divertia toda semana como a um sonetista parnasiano. A coluna deve muito ao traço do Benett, que tantas vezes salvou o texto com sua arte precisa. E agradeço a paciência e a generosidade dos meus onze fiéis leitores, informando que agora prossigo em voz baixa, nos livros, como sempre.

[04/11/2014]

UM DISCURSO
CONTRA O AUTOR

1

Em fevereiro de 2008 recebi um telefonema de Oscar Röcker Netto, então editor da *Gazeta do Povo*: "Preciso falar pessoalmente com você." Marcamos para o dia seguinte e ele aparece em casa na hora marcada. Atravessa a sala sem olhar para os lados, senta-se à mesinha diante da janela com uma determinação ansiosa, remoendo alguma coisa que finalmente se explicita no seu vozeirão: "Ainda é segredo, mas a *Gazeta* está passando por uma reformulação completa, mudança gráfica e editorial. E queremos que você faça parte do novo jornal assinando uma coluna de crônicas na página 3." A frase seguinte me surpreendeu ainda mais: "Estamos cansados de ler o seu nome só na imprensa de São Paulo."

Minha pequena mas incansável calculadora existencial rodou rapidamente na cabeça, tentando dar conta das variáveis. A principal delas, o desejo, já de um bom tempo, de largar meu confortável posto de professor da UFPR, que começava a me sufocar, e voltar a viver à solta no mundo real, só eu e a literatura, como um poeta romântico redivivo. O xangrilá da aposentadoria estava ainda a mais de uma década de distância, quando — no meu cálculo mesquinho, porém realista — provavelmente só me restaria uma vida intelectual vegetativa, plagiando a mim mesmo. O escritor precisava urgentemente de um atalho ao desconhecido, e uma coluna vistosa no jornal da minha saborosa província curitibana poderia ser um bom começo para a nova vida. Bem ao fundo, cantava o zumbido da mosca azul — partilhar a coluna semanal com textos de Elio Gaspari e Verissimo! Caramba! O meu peito inchou, perguntando a si mesmo: você acha que você é pouca porcaria?! Mas não respondi ao bordão mental com a resposta engraçada costumeira (suspeito que eu começava a me levar a sério), e conversamos sobre pagamento. Eu já nem prestava atenção no detalhe, todo mundo sabe que dinheiro não traz felicidade!... — era o estado de exposição permanente, este outro xangrilá secreto de todos que fazem arte, que se equilibrava diante de mim na balança de prós e contras.

Pedi um prazo para decidir, que teria de ser curto — já em março a nova *Gazeta* estaria na rua. Uma noite de insônia se seguiu. Pouco a pouco, a ideia tornava-se um fato concreto, e não algo que cai do céu e acontece por geração espontânea: afinal, eu precisava *escrever crônicas*. Não existe almoço grátis, diz o velho e sábio lugar-comum. Com algum desconforto, comecei a me sentir um impostor. Tentei lembrar de algum outro momento da vida em que eu havia escrito algo que pudesse tecnicamente ser chamado de "crônica", e puxando pela memória cheguei a um convite para a antiga *Vejinha Curitiba*, nos idos dos anos 1990, mas o suplemento morreu antes que eu entregasse o primeiro texto. Houve outra para um caderno de gastronomia — esta realmente publicada. Eu havia levado duas semanas lapidando as poucas e mal traçadas linhas sobre uma recordação de infância, os suspiros da tia Ana, que realmente existiram, os suspiros e a tia Ana. Aconteceu ainda uma terceira, para uma revista de circulação dirigida, perdida nas brumas da memória: o tema era "comunicação". Contei o dia em que escrevi, envelopei e selei a primeira carta da minha vida. E isso fecha meu prontuário de cronista.

Na tentativa de criar uma nova imagem profissional para mim mesmo, pensei no pouquíssimo que já havia feito na área, lembrei de algumas leituras esparsas e concluí que bom cronista precisa relatar fatos da infância, e — sempre acordado — fiquei calculando quantas crônicas minhas lembranças de criança renderiam. Talvez dessem para três ou quatro, o que mataria três ou quatro semanas, e então raspei o fundo da cabeça vazia lutando pelo tema da quinta semana — e veio um branco. Imaginei a terça-feira — este o dia que seria reservado para mim — aproximando-se perigosamente, o editor do caderno disparando e-mails, o telefonema aflito, cadê a próxima crônica?! E um dos mais célebres romancistas da cidade, um dos maiores escritores de seu bairro, vizinho de Dalton Trevisan, autor de uma obra em vários tomos, com mais de mil páginas publicadas e vários "troféis" (como diz meu filho Felipe) na prateleira, elogiado pelos amigos e conhecido na praça, seria fragorosamente derrotado por um textinho de três parágrafos e 2.800 caracteres com espaço.

Antecipei mentalmente — já quatro horas da manhã, eu mais acordado do que nunca — o telefonema compungido do próprio Oscar Röcker Netto, sob a pressão dos colegas de editoria, quem pariu Mateus que o embale: "Desculpe, Cristovão, mas a experiência não deu certo." Senti uma vergonha alheia, e que era inteira minha. Partilhei minha insegurança com a Betinha, que, meio dormindo, meio acordada, como sempre refletiu sabiamente minhas palavras: "Se eu te conheço, você vai passar o dia inteiro atucanado pela próxima crônica. Se você está inseguro, não aceite." Ouvindo a confirmação do oráculo, enfim mergulhei no sono, tranquilo. Manhã seguinte, despachei o e-mail: "Oscar, obrigado pelo convite, que me honra, mas..." e, enfileirando desculpas, encerrei com um abraço grande e aliviado. Por algum motivo que ainda não consegui decifrar, sempre que eu digo "não" a alguém ou a alguma coisa, o que me é penoso por atavismo, sinto-me imediatamente mais leve e livre, como uma autoestima que se alimenta às avessas. Passei algumas horas agradáveis, alguém que se antecipou em definitivo a um problema que ainda nem existia, até que o telefone tocou novamente. Era o vozeirão do Oscar.

— Cristovão, desculpe, mas não aceito sua recusa. Você pode escrever o que quiser, sobre o que quiser. O espaço é seu. Vamos conversar mais.

Seguiu-se uma breve discussão, em que fui me entregando como alguém que em segredo já planeja capitular. A mosca azul voltou a soprar, discreta, e a segunda noite de insônia avançou em direção contrária. "Um escritor precisa de *visibilidade*", pensei comigo mesmo, redescobrindo a palavra que cada vez mais circulava no meio intelectual e que eu estava absorvendo como um novo *shazam*, uma espécie de operador financeiro ao discutir opções: "Em momentos de instabilidade, a liquidez é importante." Já eu, que não tenho dinheiro para aplicar na bolsa, precisava, como alguém me sugeriu, de "mais *visibilidade*". "Se você não tem *visibilidade*, quem vai comprar seus livros?" Toda semana o meu nome estaria no jornal mais importante do Paraná, uma baita *visibilidade*. Além do que, para quem planeja largar o trabalho fixo e as benesses benfazejas da estabilidade eterna, é preciso recomeçar de algum lugar, tomar alguma atitude, procurar *visibilidade*. E eu estava cada vez mais decidido a mudar de vida, dizendo a mim mesmo: "Já passou o tempo em que vender livro era a vergonha do escritor, entregue a esse sistema corrupto. Os anos 1960 e 1970 já passaram. Hoje você é um sujeito normal, igual a todo mundo, bem adaptado. A literatura de bar continua, é invencível, mas os parâmetros de valor agora são outros, o mundo mudou. Não fique aí fingindo que você ainda é um *hippie* sobrevivente." Às quatro da manhã, novamente consultei o oráculo.

— Betinha, acho que estou precisando de mais *visibilidade*.

— Se você acha que isso é importante nesse momento — foi o que eu ouvi das profundezas do seu sono interrompido —, aceite o convite. Experimente. Se não der certo, dê um tempo e então peça o boné.

Acordado, esperei aflito amanhecer o dia — batendo o primeiro raio de sol, disparei ao computador para despachar minha errata, antes que o jornal se arrependesse da insistência generosa: "Caro Oscar: tudo bem, pode contar comigo. Em breve segue a primeira crônica!"

2

A euforia do novo cronista começou imediatamente a enfrentar vários inimigos internos, digladiando-se na minha cabeça a cada frase escrita desde a primeira crônica publicada — no dia 1º de abril de 2008, Dia da Mentira — até a última, em 4 de novembro de 2014, quando encerrei em definitivo minha carreira no jornal. Foram mais de seis anos ininterruptos, exceto por quatro semanas de outubro de 2013, período que pedi para respirar um tempo, vivendo uma crise aguda de falta de imaginação, da qual, como cronista, não consegui mais me recuperar por completo. Um ano mais tarde, a cabeça trôpega repetindo os mesmos truques e chavões, cronista decadente em fim de carreira, escritor infeliz rezando por uma boa ideia, contando os toques até chegar, sem ar, no último ponto, cumpri o oráculo inexorável da Betinha e pedi o boné.

Como um dependente profundo de nicotina que deixa súbito de fumar, passei a sonhar com crônicas que jamais escreveria, enquanto o sabor do amanhecer, um céu azul em Curitiba, o desejo de um passeio, o apedrejamento de uma adúltera, um livro saboroso, a fotografia no jornal, o tempero de um peixe, mesmo a ideia vaga de um novo romance, tudo ia se deformando inapelável pela sombra do "tema de crônica", o fantasma que vivia a me perseguir, um duplo mental invasivo que simplesmente não me deixava mais viver minha vida em paz. Porém, pouco a pouco, com o apoio de alguma misteriosa metadona psicológica que minha alma começou a produzir, o fantasma do cronista foi enfim desaparecendo, de modo que hoje já estou "limpo", como dizem os ex-viciados, e resto praticamente a mesma pessoa que costumava ser — apenas tomo alguns comprimidos contra artrite, mas isso é simplesmente fruto da natureza, e não sequela venenosa da vida de cronista. No total, escrevi 335 crônicas, o que não é nada, comparado aos verdadeiros profissionais, mas mesmo assim a quantidade me assombra, vendo de longe — o número prova que somos capazes de nos adaptar a rigorosamente tudo na vida.

É verdade que não foi uma empreitada totalmente vã. Do ponto de vista prático, rendeu um livro em 2013, *Um operário em férias*, uma compilação generosa, organizada com carinho pelo meu amigo Christian Schwartz, e saborosamente ilustrada por Benett, um luxo que deixou o cronista muito feliz — felicidade que se repete agora com esta coletânea. Como se não bastasse, o livro foi finalista do Jabuti e ainda ganhou o simpático prêmio Guavira, na categoria crônica, da Fundação Cultural do Mato Grosso do Sul. Já era mais do que o suficiente para eu me sentir satisfeito e me retirar à francesa, mas sofro de uma espécie de Transtorno Obsessivo-Compulsivo Literário, que me obriga a "fechar" de algum modo tudo que eu começo, de modo a criar uma simetria imaginária que equilibre minha obra e minha história pessoal.

Além disso, entrevi uma utilidade em relatar minhas desventuras de cronista, com uma última amostra do meu trabalho, na medida em que os textos iluminaram alguns aspectos da minha vida literária e, principalmente, me levaram a duras penas a pensar, na prática, sobre este formato misterioso de texto — a crônica — que ao longo da sua história o Brasil vem tratando com afeto, mesmo sem saber exatamente o que ele é. Já se disse que se trata de um gênero nativo brasileiro, como a jabuticaba — faz sentido, é verdade, o papo cordial, rápido, diversionista, mais ou menos inútil porém bem-humorado, sobre todas as questões em pauta no mundo, acompanhado daquele tapinha gentil nas costas que torna a vida mais leve assim que devolvemos a xicrinha de café ao pires; mas prefiro não mexer na seara misteriosa da nacionalidade, área de especialistas.

A verdade é que comecei minha fulminante carreira de cronista praticamente cru, já na faixa avançada dos 50 anos, sem jamais ter feito sequer um estágio numa sala de redação de jornal, que é o serviço militar obrigatório de todo cronista que se preze (quando ele tem de aprender, na marra, as primeiras duas regras de ouro, a rapidez e a concisão). E — sinto vergonha em confessar — nunca fui um leitor sistemático de crônicas ou alguém apaixonado pelo gênero. Durante décadas elas mais esbarravam em mim do que eu nelas (o que talvez seja um traço específico da vida real deste gênero, o peso do acaso), e é provável que eu possa contar nos dedos os livros de crônicas que tomei a iniciativa de comprar na vida. Ficção, filosofia, jornalismo, poesia, ensaio, história, biografia, tudo bem — mas *crônica*?! Em suma: um intruso no ninho, um miserável quinta-coluna, um falso cronista, um espião.

Iludido pela ilusão da facilidade, rapidamente experimentei, de fato, o que eu já sabia em teoria, dos meus tempos de sala de aula: no longo caminho da produção de textos, não aprendemos a escrever *in abstracto* (isto é, bastaria conhecer o código da escrita e uma pitada de talento e *qualquer gênero* estaria à disposição do usuário); aprendemos, ou *apreendemos*, antes *gêneros* da linguagem, desde o primeiro esforçado "Ivo viu a uva", no sofrido caderno escolar, até o escriba descobrir enfim, se ele se revelar alguém do mundo da escrita, qual é o seu gênero dominante.

3

E a que "gênero" pertence a crônica?

Eis um bom tema de crônica, que é um formato onívoro. Há pouco enfileirei um rosário de possibilidades: ficção, filosofia, jornalismo, poesia, ensaio, história, biografia — nada disso é estranho à crônica, mas nada disso se confunde com ela. O assunto exige um tratado complexo demais para os limites mirrados desta pequena catilinária de um falso cronista. Assim, apenas a título de conversa irresponsável, melhor eu me centrar num modelo básico, eu diria clássico (mesmo sem saber explicar exatamente por quê), que é a imagem que me serviu de referência desde o primeiro momento em que me meti a rabequista.

Para fazer um rápido esboço do que define uma crônica (ou, sendo mais humilde, do que definiu a ideia de crônica que intuitivamente me norteou), tomo um exemplo quase ao acaso que agora garimpei na internet: uma crônica de Machado de Assis publicada na *Gazeta de Notícias* do Rio de Janeiro em 22 de julho de 1883 (o sugestivo nome da coluna é "Bala de estalo"). A escolha de Machado é óbvia não propriamente por ter sido ele o maior prosador que tivemos, mas principalmente por testar, com mais ou menos sucesso, em variações temáticas, estilísticas e estruturais, todos os gêneros artísticos do seu tempo (romance, teatro, crônica, poesia); e, mais importante ainda, por ter sido o nosso primeiro grande escritor verdadeiramente antenado com a modernidade, alguém que já sentia o texto do jornal não como uma extensão autocomplacente do beletrismo brasileiro, mas como o espaço de circulação da cultura *urbana* por excelência, o que marcou o mundo do século XIX; e um meio especialmente revolucionário na cultura agrária e escravocrata que acabaria por determinar aspectos fundamentais do Brasil até nossos dias.

Vamos ao exemplo:

> O Sr. Deputado Penido censurou a Câmara por lhe ter rejeitado duas emendas: — uma que mandava fazer desconto aos deputados que não comparecessem às sessões; outra que reduzia a importância do subsídio.
>
> Respeito as cãs do distinto mineiro; mas permita-me que lhe diga: a censura recai sobre S. Exa., não só uma, como duas censuras.
>
> A primeira emenda é descabida. S. Exa. naturalmente ouviu dizer que aos deputados franceses são descontados os dias em que não comparecem; e, precipitadamente, pelo vezo de tudo copiarmos do estrangeiro, quis logo introduzir no regimento da nossa Câmara esta cláusula exótica.
>
> Não advertiu S. Exa. que esse desconto é lógico e possível num país onde os jantares para cinco pessoas contam

cinco croquetes, cinco figos e cinco fatias de queijo. A França, com todas as suas magnificências, é um país sórdido. A economia ali é mais do que sentimento ou um costume, mais que um vício, é uma espécie de pé torto, que as crianças trazem do útero de suas mães.

A livre, jovem e rica América não deve empregar tais processos, que estariam em desacordo com um certo sentimento estético e político. Cá, quando há alguém para jantar, mata-se um porco; e se há intimidade, as pessoas da vizinhança, que não compareceram, recebem no dia seguinte um pedaço de lombo, uma costeleta, etc. Ora, isso que se faz no dia seguinte, nas casas particulares, sem censura nem emenda, por que é que merecerá emenda e censura na Câmara, onde aliás o lombo e as costeletas são remetidos só no fim do mês? Nem remetidos são: os próprios obsequiados é que hão de ir buscá-los.

Demais, subsídio não é vencimento no sentido ordinário: *pro labore*. É um modo de suprir as necessidades do representante, para que ele, durante o tempo em que trata dos negócios públicos, tenha a subsistência afiançada. O fato de não ir à Câmara não quer dizer que não trata dos negócios públicos; em casa, pode fazer longos trabalhos e investigações. Será por andar algumas vezes na Rua do Ouvidor, ou algures? Mas quem ignora que o pensamento, obra secreta do cérebro, pode estar em ação em qualquer que seja o lugar do homem? A mais bela freguesa dos nossos armarinhos não pode impedir que eu, olhando para ela, resolva um problema de matemáticas. Arquimedes fez uma descoberta estando no banho.

Mas, concedamos tudo; concedamos que a mais bela freguesa dos nossos armarinhos me leva os olhos, as pernas e o coração. Ainda assim estou cumprindo os deveres do cargo. Em primeiro lugar, jurei manter as instituições do país, e o armarinho, por ser a mais recente, não é a menos sólida das nossas instituições. Em segundo lugar, defendo a bolsa do contribuinte, pois, enquanto a acompanho com os olhos, as pernas e o coração, impeço que o contribuinte o faça, e é claro que este não o pode fazer, sem emprego de veículo, luvas, gravatas, molhaduras, cheiros, etc.

Não é menos curiosa a segunda emenda do Sr. Penido: a redução do subsídio.

Ninguém ignora que a Câmara só pode tratar dessa matéria no último ano de legislatura. Daí a rejeição da emenda. O Sr. Penido não nega a inconstitucionalidade desta, mas argumenta de um modo singularíssimo. O aumento de subsídio fez-se inconstitucionalmente; logo, a redução pode ser feita pela mesma forma inconstitucional.

Perdoe-me S. Exa.; este seu raciocínio não é sério; lembra o aforismo popular — mordedura de cão cura-se com o pelo do mesmo cão.

O ato da Câmara, aumentando o subsídio, foi inconstitucional? Suponhamos que sim. Por isso mesmo que o foi, a Câmara obrigou-se a não repeti-lo, imitando assim de um modo moderno a palavra daquele general romano, que bradava aos soldados ao iniciar uma empresa difícil: — é preciso ir até ali, não é necessário voltar!

Esse texto saboroso (e, desgraçadamente para os brasileiros, atualíssimo — o que ocorre por acaso, porque não é projeto ou obrigação da crônica sonhar com perenidade) permite esboçar uma improvisada "fenomenologia" do gênero, um ponto de partida para a sua definição: um texto de jornal impresso, de publicação regular, de breve extensão, com unidade temática e estrutural, tratando ou partindo de assunto contemporâneo, ou mesmo imediato (rigorosamente qualquer assunto, de qualquer área, e sob qualquer enfoque), em tom cordial, bem-humorado, de *conversa com o leitor*. Pode-se dizer mais, sem trair a definição básica?

Bem, para ser honesto, nenhuma das características arroladas no retrato acaciano que acabo de fazer é sagrada. Vejamos por partes. A internet implodiu o conceito, até há pouco granítico, de "jornal impresso"; a publicação regular é a marca comum, mantendo-se o nome do cronista como um "selo de garantia" da coluna, mas até este escriba já assinou crônicas avulsas; a extensão é altamente variável, ainda que a tendência histórica seja o texto curto; a crônica citada de Machado tem 3.689 caracteres com espaço, o que, chutando, eu diria que contempla a média do nosso tempo. (É preciso considerar, porém, a internet, que liberou *ad infinitum* o espaço disponível ao cronista, o que, na perspectiva do gênero, entendo mais como um prejuízo do que como uma vantagem — o que é outro assunto. Uma crônica longa demais é uma contradição em termos.)

Parece que a unidade temática e estrutural (por exemplo: um breve relato, ou uma descrição, ou um curto processo argumentativo, mantendo um eixo de referência) é mesmo obrigatória, mas há crônicas que são sequências de minirrelatos que mudam de assunto de um parágrafo a outro, ou "de saco pra mala", como às vezes o próprio cronista avisa simulando um tapinha nas costas do leitor. De tudo, o tom bem-humorado de "conversa fiada", ou genericamente de informalidade ou intimidade, parece mesmo o ponto central dominante. São mais raras as crônicas sérias, de opinião direta, beirando perigosamente a linguagem de editorial. A sisudez retórica (ou mesmo apenas a elegância formal), na crônica, tem quase sempre um travo de paródia, o que é a marca da ficção (e especialmente na obra de Machado).

Tudo considerado, os casos fora da curva seriam apenas as clássicas exceções, ovelhas desgarradas que se veem aqui e ali, às margens do resistente e bem marcado território da crônica. Muitas vezes, o "tom" de crônica — essa bossa estilística a um tempo volátil e visível do bom cronista — contamina outros gêneros bastante nítidos, específicos e direcionados do jornalismo contemporâneo, como a coluna de comentário político ou econômico, e as colunas (em geral mais longas) de comentários do mundo da cultura. Tais gêneros são primos da crônica, mas não se confundem com ela, justamente porque nesses casos diretamente opinativos o "narrador" nunca se separa do autor (detalhe que comento a seguir), e o sutil toque afetivo-cordial costuma estar ausente.

4

Feita esta primeira moldura provisória, vou tentar desdobrar mais algumas pontas do mistério, voltando ao exemplo machadiano. Veja-se que o seu tema é estritamente jornalístico, com informações sobre os atos de um político, mas o tratamento não o é; o texto inteiro se articula sobre a ironia, dizendo ao fim e ao cabo exatamente o contrário do que afirma frase a frase, o que seria, a princípio, mau jornalismo; há implícito no texto — na verdade, escancarado — um *narrador*, que não se confunde de imediato com o autor, Machado de Assis. A constituição deste narrador é um recurso primordial da prosa literária; sem ele, ela não existe: trata-se do afastamento, ainda que breve e sutil, mas sempre presente, que o texto promove entre quem conta a história e quem de fato a escreve, entre narrador e autor (que no exemplo avançam, da primeira à última linha, em direções contrárias).

Mas, ao mesmo tempo, a crônica acima não é literatura em sua inteira liberdade — todo o sentido do texto se apoia inequivocamente sobre um fato real, sobre uma informação concreta, cuja presença é indispensável para o efeito crítico ou engraçado que a crônica obtém na leitura. No exemplo de Machado, o Deputado Penido existe e de fato apresentou duas emendas que foram rejeitadas. (Em tempo: a literatura "pura", esta abstração, pode se apoiar, é claro, em fatos reais — mas, nela, esta realidade eventual é um elemento acessório do texto. Na crônica, como para o jornalismo, não o é de modo algum. A intenção central do texto lido é criticar o deputado.)

Já se disse que a crônica é um gênero híbrido, mas isso me parece um remendo explicativo. Prefiro considerá-la um subproduto, ou um subgênero (no sentido de simples ramificação, sem juízo de valor) não da literatura, mas do jornalismo — crônica é jornalismo desgarrado; a intenção informativa e argumentativa é o seu núcleo de origem, ou pelo menos (já que gênero nenhum foi determinado pelos deuses) acabou se constituindo como tal, à medida que ela ganhou uma presença forte, objetiva e bastante delimitada na cultura das letras brasileiras, cujo exemplo já maduríssimo é o próprio Machado.

Mas, libertada da amarra pragmática do puro jornalismo, a crônica se apropria das marcas e do repertório das linguagens literárias, prosaicas e poéticas. Em casos-limite, pode até se metamorfosear em literatura, mas esta será rigorosamente a exceção. Na verdade, sendo "literatura" de pleno direito, perderá de fato sua condição original de crônica. Nesta viagem solta e temerária em direção à deusa da literatura, a crônica costuma ficar a meio caminho, tornando-se quase uma "representação" da literatura, uma amostra de seus recursos, que brilham aqui e ali, num cruzamento de intenções e linguagens. Quando acerta em cheio na veia da literatura, o que é muito raro, a crônica brilha no jogo do texto como um surpreendente *royal straight flush* do cronista.

5

Tudo bem: temos aí uma moldura teórica para uso caseiro, que, aliás, esbocei *a posteriori* — depois do fato vivido, toda explicação parece cristalina. Mas, ao enfrentar as primeiras crônicas verdadeiramente profissionais da minha vida, fui sendo dia a dia "formatado" pelo gênero, e não o contrário, o que é engraçado, revelando o quanto os gêneros da linguagem são poderosos quando nos aproximamos deles. Nenhum texto escrito é inocente e já nasce em casa — na verdade, todo escritor é um intrujão em casa alheia e desconhecida, um receptador de entreouvidos. E a crônica talvez seja o gênero em que este aspecto da linguagem seja mais visível e ao qual seja mais sensível.

Seguindo esta minha rápida fenomenologia de botequim, lembro da primeira coisa que vi diante de mim na página em branco da primeira crônica, dedos trêmulos no teclado: a cara sorridente do leitor. Fechei os olhos, para me livrar da assombração. Inútil: ao abri-los, ali continuava o leitor cobrindo a folha branquinha do Word. Uma cara sorridente, mas, olhando com atenção, não exatamente cordial; antes expectante, difusa — de um certo jeito, parecia bom humor, mas de outro parecia escárnio. Era uma face ao mesmo tempo masculina e feminina — senti algo de demoníaco naquela cabeça vaga e nítida, dançando na página. Eu podia entrever os dentes brilhando quase sinistros, mas as sobrancelhas pareciam desenhar um certo afeto, um desejo de proximidade. Em qualquer caso, o olhar era agudo, com um ar de cobrança, interrogativo, irônico, vingador, e ao mesmo tempo com um toque promissoramente oferecido, um esgar gentil, a mão estendida. A presença daquele fantasma era um fato novo na minha vida de escritor. Jamais escrevi uma linha dos meus livros tendo diante de mim a careta sorridente ou escarmenta de que quem quer que fosse. Escrevendo, a vida inteira fui meu próprio e único leitor, o que sempre me dava um sentimento saboroso de liberdade, talvez mais do que em qualquer outro espaço da vida. Agora, misteriosamente, eu tinha companhia em cada palavra escrita.

Por quê? Não era exatamente pelo espaço do jornal. Afinal, eu já havia publicado uma centena de resenhas e críticas literárias em jornais e revistas e nunca me vira assombrado pela careta do leitor. É que sempre tratei a resenha como um gênero técnico, mensurável, objetivo e impessoal, com foco determinado, fechado numa abstração argumentativa, sobre a base sempre sólida da informação. Foi só a crônica, como gênero, que me escancarou a porta para um leitor intruso. A crônica é em essência uma maldita conversa pública em voz alta. Percebi rapidamente que havia, em todos os aspectos, dos temas às formas, uma "etiqueta" de cronista, um código de civilidade e de boas maneiras que está na alma da nossa vida em comum e que a crônica absorve quase que por osmose, exigindo obediência estrita — era isso que o fantasma renitente do leitor me relembrava. "Nem pense em ofender os outros, alinhavar palavrões, bancar o importante, escrever o que ninguém entende, descrever atos sexuais, me chamar de idiota ou usar pontuação marciana para fins de comunicação alienígena. Você não está na sua casa!" — dizia-me o leitor com o dedo em riste antes mesmo que eu digitasse a primeira palavra. Em suma: desde o início senti um tipo de *pressão* — acho que é essa a palavra — desconhecida para mim.

Um cronista com medo do leitor está perdido, e enfrentar o fantasma foi outro duro aprendizado. Mas de onde ele vinha, se não era apenas reflexo da atividade jornalística, que afinal gira objetivamente em torno do leitor? Logo percebi o óbvio: o leitor não é um simples pressuposto da crônica, como de qualquer outro texto de jornal — ele é personagem mesmo, parte integrante e inseparável do texto, consequência direta das marcas estilísticas do gênero: o tom cordial, a ironia discreta, o bom humor, as acusações pitorescas, as mãos erguidas, o sorriso, a lógica de bar, a *conversa*. Tire-se o leitor da crônica e ela empalidece, esfria, empalha-se.

E embora todo cronista, por força de ofício, tenha veleidades literárias, com o clássico pacote humanista que vem junto, o leitor que sorri ambíguo na página em branco, por princípio, não tem nenhuma. Pelo menos é melhor não contar com elas. O choque será inevitável e instantâneo, o que foi outro aprendizado para alguém habituado à lentidão milenar de quem publica literatura. Na literatura, a solidão do escritor é a paz abençoada do espírito: a distância entre o texto escrito e o raríssimo comentário do leitor se mede em anos. Na crônica, em minutos. Num dia ruim, o cronista se verá em poucas horas diante do espelho passando um anestésico nos hematomas. Entender e domesticar o leitor fantasma da página em branco é arte que apenas os mestres do gênero alcançam dominar.

A eventual química explosiva da crônica, em seu contato ao ar livre com o leitor, tem a ver com outro aspecto central do gênero, descendente direto do jornalismo: a crônica é, desbastada de seu jogo de cintura estilístico, basicamente um texto de opinião. Mas a natureza e o foco da opinião do cronista diferem de maneira substancial do texto opinativo direto que é uma das partes essenciais do jornalismo, de certa forma a sua razão de ser. No meu caso, a crônica me obrigava (nem sempre com sucesso) a olhar para o mundo de uma forma sutilmente diferente, sob a vigilância canina do leitor intruso — como se ela equivalesse, no plano da linguagem verbal, ao poder da máquina fotográfica, que de certa forma nos obriga antes de tudo a olhar para as coisas "tais como elas são"; há um princípio de *tolerância* na crônica, que vem antes da opinião.

Por força do gênero, a opinião na crônica típica tem um toque carnavalesco, indireto, humorístico, essencialmente *cordial* — é uma opinião que, por assim dizer, não quer criar caso nem ofender, uma simples conversa numa roda de amigos: afinal, somos informais, mas não estamos *em casa*, como nos relembra o leitor fantasma. É como se a crônica não gostasse de dar opinião — que coisa chata! —, mas se visse diariamente obrigada a ela, porque o comentário da vida cotidiana está no seu DNA. Mais do que em qualquer outra parte, tudo se discute na crônica: religião, gosto, política.

E talvez se encontre exatamente aqui a essência brasileira do gênero, a nossa jabuticaba estilística, a ginga escapista que nos define desde sempre. A crônica machadiana é a ilustração perfeita desta ginga. Para dar um exemplo mais forte, basta relembrar sua crônica de 19 de maio de 1888, comentando nada menos que a Abolição:

Bons dias!

Eu pertenço a uma família de profetas *après coup, post factum*, depois do gato morto, ou como melhor nome tenha em holandês. Por isso digo, e juro se necessário for, que toda a história desta Lei de 13 de Maio estava por mim prevista, tanto que na segunda-feira, antes mesmo dos debates, tratei de alforriar um molecote que tinha, pessoa de seus dezoito anos, mais ou menos. Alforriá-lo era nada; entendi que, perdido por mil, perdido por mil e quinhentos, e dei um jantar.

Neste jantar, a que meus amigos deram o nome de banquete, em falta de outro melhor, reuni umas cinco pessoas, conquanto as notícias dissessem trinta e três (anos de Cristo), no intuito de lhe dar um aspecto simbólico.

No golpe do meio (*coup du milieu*, mas eu prefiro falar a minha língua), levantei-me eu com a taça de champanha e declarei que acompanhando as ideias pregadas por Cristo, há dezoito séculos, restituía a liberdade ao meu escravo Pancrácio; que entendia a que a nação inteira devia acompanhar as mesmas ideias e imitar o meu exemplo; finalmente, que a liberdade era um dom de Deus, que os homens não podiam roubar sem pecado.

Pancrácio, que estava à espreita, entrou na sala, como um furacão, e veio abraçar-me os pés. Um dos meus amigos (creio que é ainda meu sobrinho) pegou de outra taça, e pediu à ilustre assembleia que correspondesse ao ato que acabava de publicar, brindando ao primeiro dos cariocas. Ouvi cabisbaixo; fiz outro discurso agradecendo, e entreguei a carta ao molecote. Todos os lenços comovidos apanharam as lágrimas de admiração. Caí na cadeira e não vi mais nada. De noite, recebi muitos cartões. Creio que estão pintando o meu retrato, e suponho que a óleo.

No dia seguinte, chamei o Pancrácio e disse-lhe com rara franqueza:

— Tu és livre, podes ir para onde quiseres. Aqui tens casa amiga, já conhecida, e tens mais um ordenado, um ordenado que...

— Oh! meu senhô! fico.

— ...Um ordenado pequeno, mas que há de crescer. Tudo cresce neste mundo; tu cresceste imensamente. Quando nasceste, eras um pirralho deste tamanho; hoje estás mais alto que eu. Deixa ver; olha, és mais alto quatro dedos...

— Artura não qué dizê nada, não, senhô...

— Pequeno ordenado, repito, uns seis mil-réis; mas é de grão em grão que a galinha enche o seu papo. Tu vales muito mais que uma galinha.

— Justamente. Pois seis mil-réis. No fim de um ano, se andares bem, conta com oito. Oito ou sete.

Pancrácio aceitou tudo; aceitou até um peteleco que lhe dei no dia seguinte, por me não escovar bem as botas; efeitos da liberdade. Mas eu expliquei-lhe que o peteleco, sendo um impulso natural, não podia anular o direito civil adquirido por um título que lhe dei. Ele continuava livre, eu de mau humor; eram dois estados naturais, quase divinos.

Tudo compreendeu o meu bom Pancrácio; daí para cá, tenho-lhe despedido alguns pontapés, um ou outro puxão de orelhas, e chamo-lhe besta quando lhe não chamo filho do Diabo; coisas todas que ele recebe humildemente, e (Deus me perdoe!) creio que até alegre.

O meu plano está feito; quero ser deputado, e, na circular que mandarei aos meus eleitores, direi que, antes, muito antes de abolição legal, já eu, em casa, na modéstia da família, libertava um escravo, ato que comoveu a toda a gente que dele teve notícia; que esse escravo tendo aprendido a ler, escrever e contar (simples suposição) é então professor de filosofia no Rio das Cobras; que os homens puros, grandes e verdadeiramente políticos não são os que obedecem à lei, mas os que se antecipam a ela, dizendo ao escravo: és livre, antes que o digam os poderes públicos, sempre retardatários, trôpegos e incapazes de restaurar a justiça na terra, para satisfação do Céu.

Boas noites.

Cortando-se apenas os *Bons dias* e *Boas noites*, esta pequena obra-prima da cultura brasileira poderia ser parte integrante de *Quincas Borba, Esaú e Jacó* ou *Memórias póstumas de Brás Cubas*. Mas, obviamente, o leitor contemporâneo de Machado, com o jornal diante de si, na semana da Abolição, de modo algum fruía o texto estritamente como "ficção". Um poderoso subtexto opinativo vai se fazendo pela costura irônica da crônica, que desmonta carnavalescamente a gravidade do tema, tirando-o das linguagens oficiais e trazendo-o à liberdade do próprio terreno.

No mundo da opinião, a crônica tende a amortecer, ou conciliar, o atrito essencial do gênero entre duas perspectivas, nesse ponto incompatíveis, entre o jornalismo (cujo pressuposto factual é a *verdade*) e a literatura (que só se interessa, de fato, pelas *pessoas*). O narrador criado pela pena do cronista está sempre, em última instância, a serviço da opinião direta do autor. Na crônica, é sempre o autor que responde pela opinião, e não o personagem. Para quem faz literatura, essa mudança de perspectiva não é simples, porque nela a opinião nunca é de fato o centro do texto — o centro literário é muito mais o ambiente difuso em que a opinião se forma.

Já na crônica clássica, a opinião está no centro, mas deve-se vesti-la, disfarçá-la ou suavizá-la com retórica, arte e engenho. Um pequeno erro de cálculo e a ginga do cronista se perde, transformando sua obra num editorial fechado e sem humor.

De qualquer forma, devo à crônica a quebra do gesso formal que costumava marcar minha linguagem de opinião, nos meus tempos de resenhista e crítico literário — e foi certamente sua prática semanal que psicologicamente me liberou para escrever, em 2011, *O espírito da prosa*, um ensaio sobre minha formação literária, que começa já na primeira linha exorcizando o fantasma: "Este não é um trabalho acadêmico."

6

Finalmente, outro aspecto essencial do gênero que formatou este cronista acidental diz respeito exclusivamente ao volume, por assim dizer: a crônica é um texto curto. Ponto. A extensão da crônica não se adapta jamais à livre vontade do escritor, como acontece com um romance, um poema, um conto, um ensaio; na crônica, o escritor é que tem de obrigatoriamente se adaptar a ela.

No meu caso, sem experiência de jornal, afunilar a linguagem em poucos toques foi precioso aprendizado, uma espécie de Febem estilístico que me reeducou para a vida real, uma vez que minha infância de escritor vinha de dois péssimos exemplos, aprendiz solto na rua do texto: o sonho de escrever um romance de seiscentas páginas, no meu lado literário; e, na universidade, a meta de produzir teses que ficassem fisicamente em pé, mergulhado na influência deletéria do mundo acadêmico, onde quanto mais quantidade se escreva, mais prestígio se tem. Na universidade, sem leitor por perto, fazemos a festa. Mas com a crônica, escancarada por natureza, não dá para disfarçar. É preciso descobrir as delícias e o potencial do fôlego curto, que passa a ser a marca intransferível do cronista. Acabei por fazer da limitação um jogo parnasiano, que me divertia, na faixa entre 2.800 e 2.900 toques — se a crônica chegasse a 2.901 toques, título incluído, eu dava um jeito de fazê-la voltar ao cercado dos 2.900. Em pouco tempo, domesticado, passei a acertar de primeira o tamanho das crônicas.

Se no jornal impresso a extensão controlada sempre foi um imperativo dos limites de espaço, limites que afinal, como capitanias hereditárias da classificação temática dos cadernos, foram atribuindo a cada linguagem o seu quinhão em centimetragem, na internet esta lei viu-se tecnicamente abolida — na nuvem digital cabe tudo, sem custo a mais em tinta, rotativas ou cilindros de papel, transformando alegremente vento em texto como no país da Cocanha. Mas isso não mudou em uma vírgula a natureza da crônica — uma crônica muito longa, se existisse, seria insuportável. Assim como a resenha literária é o soneto da crítica, a crônica ideal é quase um epigrama ilustrado. A concisão é a sua elegância.

Falar nisso, é melhor eu me despedir por aqui, em obediência aos meus próprios preceitos — e antes que eu ouça o sussurro insidioso do leitor: quem não sabe, ensina.

C. T.

Este livro foi composto na tipografia Slimbach, no corpo 10/14,5,
e impresso em papel Lux cream 80 g/m^2, na Prol Gráfica.